미디어, 빅뱅 없는 세상

이 저서는 2011년 정부(교육부)의 재원으로 한국연구재단의 지원을 받아 수행된 연구입니다.
(NRF-2011-812-B00123)

이 도서의 국립중앙도서관 출판예정도서목록(CIP)은 서지정보유통지원시스템 홈페이지(http://seoji.nl.go.kr)와
국가자료공동목록시스템(http://www.nl.go.kr/kolisnet)에서 이용하실 수 있습니다.
(CIP제어번호: CIP2015003581)

미디어, 빅뱅 없는 세상

Media, the World without Big Bang

| 임정수 지음 |

한국의 미디어 기술도입 과정에 대한
일상사적 접근

한울
아카데미

머리말

    '욕망'과 '두려움'은 보잘것없는 인간의 능력을 최대한 효율적으로 이끌어내는 에너지원이다. 인간은 욕망에서 삶의 에너지를 생성시킬 뿐 아니라 상상의 이야기와 신화를 만들어낸다. 그리고 인간은 욕망의 끝없는 추진력에 대한 두려움이나 충족되지 않는 욕망에서 오는 무기력에 대한 두려움을 통해 욕망이 초래한 삶의 변화 속도를 조절해왔다. 때로는 추진력을 억제하여 속도를 늦추고, 때로는 무기력한 의식을 각성시켜서 추진력을 높였다.

    인간이 미디어 기술을 도입하는 과정에는 정치적·경제적 동인뿐만 아니라, 사회 구성원들이 가진 욕망과 두려움의 기제가 강력하게 작용한다는 점에 주목하면서 이 책의 작업을 시작했다. 기존의 언론사나 정책사 연구들은 특정 미디어 기술의 도입이 특정 시기에 이뤄진 점, 그리고 특정한 방식과 방향으로 전개된 점 등을 설명하면서 정치와 산업 논리에 주로 의존

했다. 정치와 경제 차원에서 행해진 설명은 현상의 어떤 부분을 전달하긴 하지만 그 대부분은 현상을 극도로 표면적이고 단순화시킨 것이었다. 정치사적·경제사적·제도사적으로 이야기를 선별하고 어떤 진실을 담아내는 과정에서 간과해버린 이야기들을 다루지 않고서는 미디어 기술도입의 이야기는 미완성으로 남을 수밖에 없다.

인간의 욕망과 두려움에 대한 이해 없이 미디어 기술의 도입 과정을 이야기하는 것은 정치적·경제적 맥락만을 중시하는 정부 자료나 언론 보도에만 근거해 역사를 구성하려는 것과 다르지 않다. 역사는 어차피 누군가(대개 역사 기술의 방향을 결정할 수 있는 권력의 손)에 의해 취사선택되는 것이라 하더라도 대안적인 이야기, 복수複數의 이야기, 이면의 이야기를 재구성하고 기록하는 것은 학자의 의무이다.

사실 정치적·경제적 맥락도 큰 틀에서는 욕망과 두려움의 기제가 내부에 내포되어 있어, 기존의 접근과 이 책의 접근이 양립 불가능한 것은 아니다. 이 책은 욕망과 두려움을 중심으로 미디어 기술도입의 정책적 과정에 접근해서 좀 더 근원적인 설명을 시도한다. 욕망이 상상과 이야기를 만들어 확산시키고, 두려움이 변화의 속도를 통제하는 기제는 표면적으로 잘 드러나지 않는다. 오히려 사회 체계 간의 암묵적 합의에 따라 은밀하고 변칙적으로 작동된다. 따라서 대상과 거리를 일정하게 유지하는 상투적이고 합리주의적인 설명만으로는 이를 이해하기에 충분하지 않다. 때로는 대상을 좀 더 멀리서 물끄러미 바라보기도 해야 하고, 때로는 미주알고주알 파고들며 치밀해질 필요도 있다.

인간의 욕망과 두려움의 기제를 중심으로 미디어 기술의 도입과 채택 과정을 풀어나가는 접근 방식에 동의하지 않는 언론학자들도 있을 것이다. 인간의 '욕망'이나 '두려움'과 같은 평범한 개념으로 새로운 미디어 기술의 도입과 채택 과정을 설명하려는 시도가 너무 단순한 발상이라는 생각에 거부감이 들 수도 있다. 인간의 욕망이나 두려움과 같은 용어는 학술적으로 개념화하기도 측정하기도 어려워서 사회과학에서 독립변인이 되기 어렵기 때문이다. 미디어 경제학에서는 공공재의 소비와 관련해 인간의 욕망을 '지불 의지'로 표현하기도 했지만, 이는 비용 기반 가격 책정 방식과는 다른 수요 기반 가격 책정 방식을 설명하기 위한 개념일 뿐, 기술사회학에 광범위하게 적용되는 개념이 아니었다. '두려움'도 일상적인 용어로 사용되어왔을 뿐, 학술적 용어로 사용된 적이 드물어 생경할지도 모른다. 또 그러한 평범한 개념으로 미디어 기술의 도입과 채택 과정을 들여다보는 것이 과연 적절한지 의문이 들 수도 있다.

그러나 먼저 언론학이 취하는 금욕주의적 태도가 인간의 욕망을 다루는 데에 서툴다는 점을 지적하고 싶다. 인문학은 말할 것도 없고 사회과학 대다수 영역도 인간의 기본적 욕망을 정면으로 다루는 데 반해, 유독 언론학만 금욕주의적 성향을 보인다. 정치학도 권력에 대한 인간의 끝없는 욕망과 투쟁을 직접적으로 대면하며, 경제학 역시 이익을 추구하는 인간의 이기적이고 기본적인 욕망을 거침없이 드러내놓고 다룬다. 그뿐만 아니라 심리학과 정신분석학도 인간의 의식은 물론이고 무의식에 내재된 욕망까지 뒤집어 보여주려고 안간힘을 쓴다. 반면 언론학은 욕망의 문제를 외면하고 이를 당위와 윤리의 문제로 풀어보려는 시도를 오랫동안 해왔다. 새로운 미디어 기술의 도입과 채택 문제에서도 예외는 아니었다.

이 책은 본격적으로 텔레비전이 도입되던 1961년부터 현재까지 한국 미디어 기술도입 과정에서 간과되어온 이야기를 듣기 위해 일상사적 접근을 시도한다. 이 작업을 위해 다양한 소스로부터 많은 사료를 접하고 수집했으며 인터뷰를 해왔다. 이 작업의 궁극적인 목적은 '일상 속에서 새로운 미디어 기술을 도입·채택'하는 과정과 그 의미를 정치사·제도사·경제사에 입각한 상투적 시각이 아닌 '복수의 스토리'로 포착해내는 데 있다.

그러한 의미에서 필자는 분석적인 시각보다 역사 드라마나 역사 다큐멘터리 작가의 시각에서 기술의 도입·채택 과정과 그 시대를 입체적으로 재구성해보고 싶었다. 이런 작업을 하면서 필자는 자신도 모르게 몸에 밴 정치적·경제적 접근 방식 및 논문 서술 방식과 싸워야 했다. 그 싸움은 이 작업에서 매우 중요한 부분을 차지한다. 기술의 도입과 채택 과정을 얼마나 입체적으로 그려내느냐 하는 것이 바로 그 싸움의 결과에 달렸기 때문이다. 사회과학자의 분석적 접근 습관 때문에 인과관계의 명확성을 찾아내려는 마음이 수시로 드는 것을 떨쳐버리기는 쉬운 일이 아니었다.

전공 영역의 독자와 일반 독자의 편의를 동시에 고려해 서설에서 문제제기와 접근 방법론에 대한 설명을 별도로 다루었다. 그래서 접근 방법론을 다룬 글에 부담을 느끼는 일반 독자들은 서설을 건너뛰고 1장부터 편안하게 독서하고, 나중에 서설을 참고해도 무방하도록 구성했다. 1장 '소비의 욕망, 욕망의 소비', 2장 '상상과 이야기로서의 미디어 기술', 3장 '급진성에 대한 두려움과 중재 메커니즘', 4장 '빅뱅 없는 세상', 이렇게 총 네 개의 장으로 본문이 구성되었고, 특히 4장은 이 책의 결론을 대신해 논의한 바의 함의를 담았다.

서설 '일상의 복원'에서는 그동안 미디어 기술도입 논의에 상투적으로 개입된 맥락을 극복하려는 의지를 담았다. 아울러 일상사적 접근에 대한 기본적인 이해를 제공하려 했다. 미시사적 접근 방법으로 복수의 역사가 갖는 의미를 논했고, 일상의 기억을 끌어내기 위한 자료 수집 방법과 기술 방법으로서 심층적 기술thick description을 논했다. 서설의 마지막 부분에는 새로운 미디어 기술도입의 간략사를 정리해서, 이 책이 다루는 1961년부터 2013년까지 미디어 기술의 흐름을 시각적으로 제시했다. 서설은 이 책에 학문적으로 접근하려는 전문가들에게 독서의 안내가 될 수 있으며, 일반 독자에게는 본문 독서의 깊이를 더하기 위해 필요한 부분이 될 것이다.

1장은 '소비의 욕망, 욕망의 소비'라는 제목하에 일상 속에서 새로운 미디어가 도입되는 과정을 개개인이 가진 소비 욕망과 소유욕의 측면에서 기술했다. 흑백텔레비전에서 컬러텔레비전, 인터넷, 휴대전화, 스마트 미디어에 이르기까지 새로운 미디어 도입에 대한 개인의 열망은 기술 개발자나 정책 수립자의 취지를 대변하는 상투적 맥락과는 또 다른 맥락을 보여준다. 특히 흑백텔레비전 도입을 다룬 이야기는 많은 독자들의 향수를 자극할 만하다.

2장 '상상과 이야기로서의 미디어 기술'에서는 새로운 미디어 기술의 도입 과정이 개개인의 기억 속에 미디어와 얽힌 상상이나 꿈 또는 이야기로 저장되는 점에 주목했다. 새로운 미디어의 도입과 채택 과정은 기술 자체의 기능적 측면에만 의존하는 것도 정부 정책에만 호응하는 것도 아니었다. 더 나은 내일을 꿈꾸는 개개인들의 일상이 새로운 미디어 기술에 상상과 이야기를 더했다. 특히 이 장에서는 흑백텔레비전, 컬러텔레비전, PC

통신 등에 관한 기억의 실타래를 잡아당길 때 함께 따라 나오는 상상, 꿈, 이야기들을 만날 수 있다.

3장 '급진성에 대한 두려움과 중재 메커니즘'에서는 새로운 미디어 기술의 도입 정책이 추구하는 취지와는 상관없이 수용자들이 나름의 의도와 방식으로 새로운 미디어 기술을 채택했다는 것과, 이 과정에서 미디어 기술의 급진적 잠재성을 중재하는 메커니즘이 어떻게 작동했는지를 들여다보았다. 속도와 두려움, 급진성의 억압을 위한 암묵적 협업 등의 개념들을 중심으로 사람들이 일상 속에서 새로운 미디어 기술도입에 직면했을 때 겪는 여러 가지 차원의 두려움을 어떻게 극복하는지 과정을 보여주려 했다. 2005년 ≪한국언론학보≫에 발표한 필자의 논문을 발전시켜 미디어 기술이 갖는 급진성의 완급 조절 메커니즘에 대해 논했다. 특히 이 장은 인터넷, 디지털텔레비전 등 디지털 미디어의 급속한 발전과 사회적 여파에 직면한 이용자들이 겪는 단절과 고착의 두려움, 그리고 그것에 대한 대처 방식에 관한 이야기를 제공한다.

4장 '빅뱅 없는 세상'에서는 이 책의 결론을 대신해 새로운 미디어 기술의 도입·채택 과정에 관한 복수의 스토리를 만들어가는 작업의 의의를 정리했고, 이 책이 의도했던 바를 논했다.

이 책이 완성되기까지 필자의 주변에 수많은 고마운 사람들과 일들이 있었다. 무엇보다도 언론학 공부를 하면서 오랫동안 생각해왔던 작업을 한국연구재단의 저술 지원을 받아 작업할 수 있어 큰 행운이었다. 그리고 수백 명을 인터뷰하고 녹취한 것은 필자의 디지털 사회학 수업에 수년간 참석했던 학생 200여 명의 노고가 없었다면 가능하지 않았을 것이다. 실명을 요구한 학생들은 이 책의 본문에 실명을 썼고, 익명을 요구한 학생들은 가명을 썼다. 이 책이 완성되는 과정에서 한국연구재단 저술 결과물 심사에 참여하여 다양한 시각을 제시해준 익명의 언론학계 여러 교수님들께도 감사드린다. 마지막으로 이 책이 세상에 나올 수 있도록 정성껏 작업해준 도서출판 한울에 감사드린다.

2015년 2월
임정수

차례

일상의 복원

보편적 설명 방법을 새로운 미디어 기술의 도입에 직면할 때마다 적용하고 본다면, 이는 '상투적'이라고 볼 수 있다. 맥락의 상투성은 논의로부터 새로운 점을 발견하는 것을 방해하며, 개별적 현상의 고유한 가치를 희석하여 논의 자체를 통속화시켜버린다.

일상시적 접근을 포함한 미시사적 접근은 역사의 과정에 수반된 일상의 긴장, 갈등, 구성원 간의 상호작용, 개인과 구조 간의 상호작용 등을 세밀하게 짚어내서, 결과론적 시각으로 반복성을 강조하며 역사를 기술하고 해석하는 방식에 대항한다.

맥락의 상투성

미디어 기술을 다룬 기존의 논의(예를 들어 미디어 기술의 도입·채택·수용 과정에 관한 논의, 관련 정책의 수립 과정 등)가 보여주는 상투적 맥락을 먼저 언급하려 한다. 보편성에서 상투성을 분별해내기는 쉬운 일이 아니지만, 이 책에서는 이 두 단어 사이에 일정한 거리를 두었다. 미디어 기술의 도입·채택·수용에 관한 현상에서 일정한 조건하에 광범위하게 적용될 수 있는 설명을 도출해낸다면 이는 보편성을 가진다. 그 보편적 설명 방법을 새로운 미디어 기술의 도입에 직면할 때마다 일단 적용하고 본다면, 이는 '상투적'이라고 볼 수 있다. 맥락의 상투성은 논의로부터 새로운 점을 발견하는 것을 방해하며, 개별적 현상의 고유한 가치를 희석하여 논의 자체를 통속화시켜버린다.

'기술'이라는 말은 일상용어로는 그다지 이해하기 어려운 말이 아니지만 기술사회학 논의에서는 난해한 용어 중 하나이다. 프랑스 역사학자 페르낭 브로델Fernand Braudel 은 기술을 '물질적 기술material technology'과 '사회적 기술social technology'로 구분했다(Braudel, 1992). 브로델은 물질적 기술을 인쇄기계, 텔레비전, 컴퓨터, 스마트 폰 등의 물질적인 것들로 정의하고 사회적 기술을 문자, 연구실, 행정적 관리, 개인적 네트워크, 기업 등을 의미하는 것으로 정의했다. 기술의 의미를 기계뿐 아니라 사회시스템에까지 확장시키려는 의도를 분명하게 드러낸 것으로 볼 수 있다.

독일 실존주의 철학자 마르틴 하이데거 Martin Heidegger 는 기술을 "인간이 자연 세계와의 관계를 맺는 특정한 방식 또는 세상을 드러내는 양식"이라고 보았다. 그는 자연이 숨겨놓아 아직 드러나지 않은 것을 근대 기술이 강제로 탈은폐revealing 시킨다고 보았다(하이데거, 1993).

개혁 확산 이론을 주도한 미국의 언론학자 에버렛 로저스Everett Rogers는 기술을 "문자 그대로 또는 은유적 표현으로 한 곳에서 다른 곳으로 이르는데 필요한 것들"로 정의했다(Rogers, 2003). 필자는 기술의 사회학적 맥락을 가장 잘 반영하기로는 로저스의 정의만 한 것이 없다고 본다. 로저스는 기술과 무관해 보이는 용어로 기술을 정의했는데, 다른 어떤 정의보다도 사회학적 의미를 중심으로 정의했다. 기술의 맥락(즉, 누가 어떤 배경하에서 특정 기술을 특정한 형태로 만들어내고, 어떤 경로를 통해서 누구에게 어떤 방향으로 얼마나 빨리, 그리고 얼마나 강하게 영향을 주었는지 등)을 들여다보면, 인간 문명의 역사를 이루는 '기술'이 다루기 복잡하고 어렵다는 데 금방 동의하게 될 것이다. 논의 대상 자체가 얽혀 있고 복잡할수록 사회과학은 논의대상들의 관계를 단순화시키고, 거시 담론화하는 전략을 택해왔다. 미디어 기술에 관한 논의가 맥락의 상투성을 벗어나기 힘든 이유가 바로 여기에 있다.

미디어 기술에 관한 논의가 처한 상투성에는 구조적 접근의 상투성과 주류적 시각의 상투성이 있다. 구조적 접근은 미디어 기술에 관한 논의를 정치 체계, 경제 체계, 법체계, 사회·문화 체계, 미디어 체계 등 다차원적 구조에서 상호작용하는 관계로 파악하려는 경향을 말한다. 주류적 시각은 미디어 기술도입의 필요와 역할을 미디어 기업, 전자 기업, 통신 기업, 정책 기관, 시민단체 등의 주류적 시각과 해석을 통해서 파악하려는 경향을 말한다.

이 두 가지 관점이 상투적으로 사용되었기 때문에 미디어 기술에 관한 논의는 과도하게 구조주의적 측면에서 다뤄졌으며, 관점은 주류적 시각에 고정되어왔다. 구조주의적 접근의 통속화는 개인적 경험과 이야기를 조립식 고층 빌딩의 외벽 조각들처럼 만들어버렸다. 우리는 그 미끈한 외벽을 보면서 각 조각들을 개별적으로 인식하지 않게 된다. 마찬가지로 우리는 미디어 이용자들이 새로운 미디어를 도입하고 채택하고 수용하는 일상적 삶 속에서의 욕망과 이야기에 둔감해졌다.

구조주의적 접근이 20세기 중·후반부터 사회현상의 설명 방식을 직간접적으로 지배하여, 대안적 접근들조차 구조주의적 패러다임이라는 감옥을 벗어나기가 쉽지 않았다. 미디어 기술에 관한 논의에서도 사회 하부 체계들 간의 관계와 상호작용의 산물로서 미디어 기술이 강조되어왔다. 특히 당면한 문제들을 신속히 다루기 위해서 정형화된 학술적 논의를 충동적으로 소비하며 이뤄진 미디어 정책 논의는 새로운 미디어 기술의 도입·채택·수용 과정에 대해 구조주의적 접근을 상투적으로 적용해왔다.

필자가 2004년에 출간한 『디지털 시대의 미디어산업』에서도 미디어산업에 대한 구조주의적 접근을 도식적으로 제시한 바 있다(임정수, 2004: 24). 그 책에서 미디어 기술 체계를 정치 체계, 경제 체계, 법체계, 사회·문화 체계 등 우리 사회 속의 다른 하부 체계들과 공시적共時的이고도 역사적으로 연계되어 있는 구조적 관계를 통해 설명하는 접근을 보여주었다. 이러한 구조적 접근은 논의의 효율성을 제공하여 미디어 기술, 산업, 정책적 논의에서 맥락의 상투성을 형성했다.

정치적 맥락에서의 접근은 특정 기술이 검토·선택·수용되는 과정을 정치적 의미에서 해석한다. 예를 들면 1960년대 초 쿠데타로 정권을 장악한 군부 세력이 사회의 안정화와 개발독재에 국민을 동원하려는 정치적 취지에서 텔레비전을 전격적으로 도입했다고 보는 해석은 정치적 맥락에서의 접근이다.

경제적 맥락에서의 접근은 국가의 산업·경제 정책, 대기업의 전략적 접근, 국제 경제 상황 등의 조건하에서 특정 기술이 결정되는 측면에 주목한다. 예를 들면 위성 DMB의 더딘 성장과 실패[1]의 원인을 지상파 방송사들이 연이어 도입될 지상파 DMB를 염두에 두고 경쟁 관계에 있던 위성 DMB에 콘텐츠 공급을 원활히 해주지 않았다는 데에서 찾는 경우를 들 수 있다.

사회적·문화적 맥락에서의 접근은 특정 기술이 도입·채택·수용되는 과정을 직면한 사회적·문화적 규범, 새로운 시대의 질서와 요구 등과 연관 짓는다. 한 예로, 인터넷 실명제와 같은 제도는 인터넷 이용자들의 자유로운 표현과 활동을 억제하는 기능을 하는데 이러한 정부의 조처에 대해 시민단체들은 헌법소원 등을 통해 인터넷상에서 표현의 자유를 주장했다.[2] 이

---

[1] 위성 DMB는 출범한 지 약 7년 만인 2012년 8월 31일 자로 서비스를 중단했다.

[2] 2012년 8월 23일, 헌법재판소는 참여연대와 미디어오늘이 인터넷 실명제를 규정한 정보통신망법 조항에 대해 청구한 헌법소원 심판에서 실효성이 없다는 근거하에 위헌을 결정했다. 이로써 인터넷 사용자의 실명과 주민등록번호가 확인되어야만 인터넷 게시판에 글을 올릴 수 있도록 한 인터넷 실명제는 실시된 지 5년 만에 폐지되었다.

러한 차원에서의 논의는 미디어 기술을 어떻게 수용하고 이용할 것인가에 대한 사회적 합의와 새로운 문화의 보편화를 위한 논의를 제기한다.

이런 설명들은 특정 하부 체계를 중심으로 논의한 예를 보여주지만 구조주의적 접근은 어떤 사안을 중심으로 하나 이상의 하부 체계들 간의 관계와 상호작용을 다차원적인 맥락에서 다룬다. 미디어 기술의 도입·채택·수용을 둘러싼 환경과의 상호작용을 보여주는 구조주의적 접근이 중요하다는 점에는 이견이 없다.

그러나 구조주의적 접근은 현상을 이처럼 하부 체계 간의 관계를 중심으로 해석해서 미디어 기술의 수용에 깊이 관련된 인간의 기본적인 욕망의 힘을 간과한다. 미디어 기술을 소비의 대상으로 볼 때 인간의 욕망이 미디어 기술 소비에 깊이 개입될 것으로 생각해볼 수 있다. 이 책은 인간의 욕망을 기술 수용의 독립변인들 중 하나로 주목한다. 물론 인간의 욕망도 내면적인 측면뿐 아니라 정치적·사회적·문화적 맥락에서 형성됨을 부정할 수는 없기에, 이 책의 후반부에서 이 점에 대한 논의를 할 것이다.

구조주의적 접근의 상투적 적용과 함께 주류적 시각의 상투적 적용도 미디어 기술의 논의를 정치사, 제도사, 경제사 중심으로 편향되게 만드는 데 일조해왔다. 현대의 새로운 미디어 기술은 결국 관련 기업들, 이를테면 전자 기업, 방송사, 통신사, 정보 관련 기업, 콘텐츠 기업 등이 주도하고 있으며 그것과 관련된 정책 수립 과정의 중심에는 정치권과 규제 기관이 있다. 또한 미디어 기업은 광고주의 후원으로 유지·운영되며, 광고주는 경제적 수단을 통해 미디어의 활동에 영향을 미친다. 미디어 경제학자들은 수용자를 '미디어와 광고주 간에 거래되는 대상'으로 표현하곤 했다. 미디어 기술에 관한 주류적 관점에서의 논의는 일반적인 개별 이용자들의 관점을 도외시했다. 특히 정책 기관은 관련 기업들의 이해관계를 조정하는 데 많은 에너지를 쓰기 때문에 미디어 기술이 수용자의 일상적 삶에 어떤 방식으로 개입되는지를 볼 여력이 충분치 않다.

역사 기술에서 주류적 시각에 대한 반감은 일반 시민들을 역사의 주인공으로 보고 그들의 삶을 논의의 표면으로 이끌어냈다. 그러한 새로운 시각은 일상사, 심성사心性史, 신문화사新文化史, 미시사 등의 모습으로 나타났는데, 이는 '미시사적 접근'이라는 말로 요약될 수 있다. 미시사적 접근은 20세기 중·후반에 유럽 사회에서 확산된 포스트모더니즘적 문화와 유사한 맥락을 가진다. 미셸 푸코Michel Foucault(푸코, 2012)와 케이스 젠킨스Keith Jenkins(젠킨스, 1999) 등은 근대 역사를 객관적이고 보편적인 담론을 중심으로 한 역사로 간주하고, 기존의 주류적 시각을 해체하고 전복함으로써 다양한 복수의 담론, 즉 복수의 역사가 가능하다고 주장했다.

다음의 예를 통해서 미시사적 접근과 거시사적 접근을 대비해보면 역사에 접근하는 방식의 차이를 알 수 있다. 아날학파Annales School의 '멘탈리티mentality' 개념은 '왕이든 신하든 백성이든 한 시대를 같이 사는 모두가 공유하는 집단의식의 구조'인 데 반해, 카를로 긴츠부르그Carlo Ginzburg의 '민중문화'는 계급적이며 가치 지향적인 개념으로 이해될 수 있다(김기봉, 1997: 124). 긴츠부르그는 『치즈와 구더기Formaggio e i vermi』에서 방앗간지기 메노키오의 삶에 주목하면서, 그가 죽음을 두려워하지 않고 자신의 견해를 피력할 수 있었던 것이 주류적 역사가 설명했듯 인쇄술로 발달한 상층 문화가 민중에 널리 보급되어 영향을 주었기 때문은 아니라고 본다. 긴츠부르그는 아날학파의 멘탈리티를 거부하고, 메노키오의 주체적인 삶은 그 스스로가 '문화의 생산자'였기 때문에 가능했다고 기술했다.

2000년대 이후 한국의 텔레비전 사극을 보면 같은 시대를 다루더라도 주인공을 왕이나 정치인으로 두지 않고, 지금까지의 역사 기술에서 주목받지 못했던 인물로 설정하는 경우가 많다. 중종 시대를 다룬 MBC 사극 〈대장금〉(2003.9.15~2004.3.23 방영), 숙종과 장희빈 시대를 다룬 MBC 사극 〈동이〉(2010.3.22~2010.10.12 방영) 등이 그 예이다. 주인공이 바뀌면 시청자의 관점도 주인공의 시점에 따라 바뀐다. 왕실이나 지배 계층의 시각에서 그려낸 드라마를 볼 때와는 다른 관점에서 다른 관심을 가지고 스토리를 따라간다. 물론 텔레비전 드라마의 특성 때문에 평범하고 주목받지 못했던 인물을 통해서 새로운 시각의 역사를 기술해내는 데에는 한계가 있지만, 이런 현상도 주류적 시각의 전복을 꿈꾸는 시도로 볼 수 있다.

이 책은 구조주의적 접근과 주류적 관점의 상투성과 거리를 두고 일반 이용자들, 즉 일반 시민들의 개별적이고 일상적인 삶을 들여다봄으로써 미디어 기술의 도입·채택·수용 과정의 또 다른 모습을 드러내 보이려고 한다. 상투적 접근 방법과의 거리 유지는 새로운 대안적 방법을 요구하게 되고, 그러한 대안적 방법은 필자에게나 독자에게나 생경스러울 수 있다. 상투성의 편리함을 버리고 관점을 뒤집어보기 위해서는 준비가 조금 필요하다. 이것이 이 책에서 다소 긴 서설을 제공하는 까닭이다.

복수의 이야기: 미시사적 접근 방법의 적용

복잡한 일을 왜 단순화시키는가?

미시사적 접근은 정치·경제·사회구조에서부터 역사 기술을 시작하기보다
는 사회 속의 작은 집단 또는 개인의 삶과 기록에서 역사적 사실성을 포착
해낸다. 1970년대부터 이탈리아를 중심으로 일어난 미시사 연구가 미시
사의 전부를 말하지는 않는다. 그 시기부터 동시다발적으로 미시사적 접
근이 유럽 각 지역에 유행처럼 퍼져 나갔다. 영국의 문화사, 독일의 일상사
등도 다루는 대상과 용어에서 차이를 보이긴 하지만 정치·경제·사회구조
중심의 거시사에 대한 반발, 근대화의 당위성에 집착하는 역사적 접근에
대한 반발이라는 점에서 같은 맥락으로 이해할 수 있다. 이 책에서 거시사
와 대조되는 의미로 사용되는 미시사는 1970년대 이탈리아의 미시사에 국
한된 것은 아니고, 일군의 미시사적 운동을 모두 포괄하는 의미이다.

> 미시사 혹은 미시문화사는 무엇보다 역사란 추상적이지 않고 구체적이어야
> 한다는 생각에서 출발한다. 여기서 구체적이라는 말을 단지 사소하고 희귀
> 한 재밋거리라는 뜻쯤으로 여겨서는 안 된다. 전체사적 흐름이라는 이름 아
> 래 정작 그 주역인 인간 개개인의 모습이 사라져버리는 거대 역사보다는, 경
> 계가 잘 지어진 지역 내에서 어떤 위기나 사건에 대처하는 그곳 사람들의 전
> 략이나 가치관 등을 면밀히 탐색하는 미시적 접근을 통해 역사 속의 복잡다
> 단한 리얼리티가 더 잘 드러날 수 있다는 것이다(곽차섭, 2000: 14).

곽차섭은 미시사의 방법적 특징을 다음의 다섯 가지로 정리했다. 첫째, 역사의 리얼리티를 작은 규모를 통해서 보려 했다. 어떤 공동체나 개인을 선택해 그들의 행동을 촘촘하게 기술해서 그 스스로가 자신의 정체성을 말하도록 하거나 일반적 해석이 가능하게 미시사적으로 접근하는 것이다. 둘째, 실제 이름을 추적해서 리얼리티를 복원하려 한다. 셋째, 사회를 문화적 텍스트로 취급해 개개인과 공동체 간의 내적 관계에 주목하는 질적 방법론을 쓴다. 넷째, 소규모 공동체의 개개인을 추적해 그들의 행적과 관계망을 구체적으로 밝히는 방법이므로 분석적이고 설명적이기보다는 이야기식으로 서술하는 경우가 더 많다. 다섯째, 가능성의 역사를 지향한다. 이는 실증적이고 사회과학적인 방법론과는 대조되는 방법이라고 볼 수 있다(곽차섭, 2000: 25~27).

사회과학의 검증 방법과 모델·이론화 과정은 설명력을 높이기 위해서 필연적으로 현상의 단순화를 수반한다. 현상을 단순화시키지 않을 경우 개별적인 사건과 관계에 대해 제각각의 논리가 만들어져야 하는데, 그 각각은 별도로 논의할 만큼의 큰 차이를 보이지 않기도 할 것이다. 현상의 단순화를 통해서 유사한 사건과 관계를 몇 가지로 유형화할 수 있으며, 사소하거나 무의미해 보이는 차이는 무시할 수 있다. 그러한 접근은 과학적 사고의 효율성을 높여 인간의 지적 발전을 촉진시켰을 것이다. 인간은 과학에서뿐 아니라, 사고 과정의 경제성을 위해서 현상을 단순화시키는 데에 익숙하다. 고정관념 stereotypes 은 현상을 단순화시켜 사고하는 대표적인 방식이다. 우리가 일상에서 만나는 개개인이나 개별 사건들을 매번 새롭게 판단해야 한다면 우리는 시간이나 에너지 측면에서 감당할 수 없을 것이다. 이런 식으로 해서 현상의 단순화는 근대 이후 과학을 발전시키는 데 큰 기여를 해왔다.

그러나 단순화는 작은 차이를 무시하고 무의미하다고 판단되는 것을 의식적으로 또는 무의식적으로 간과해버려서 과학자가 보고자 하는 방식으로서의 현상만을 드러낼 가능성이 크다. 단순화에 근거한 사회과학적 접근에 대해 미시사가들은 비판을 가했다.

자크 르벨Jacques Revel 이 미시사에 대해 제안한 "복잡하게 만들 수 있는 사물을 왜 단순화시키는가?"라는 슬로건은 미시사적 접근의 기저에 있는 정서를 더할 나위 없이 뚜렷이 그려냈다(Revel, 1989; 곽차섭, 2000: 86에서 재인용). 복잡하고 우연적이며 무정형적인 사건들을 보고자 하는 시각의 틀에 끼워 넣어서, 단순화·필연화시켜 규칙성을 발견하는 기존의 역사적 기술과 해석에 관한 회의懷疑는 미시사적 접근의 동기라고 할 수 있다.

역사에 대한 미시적 접근과 거시적 접근은 다른 현상을 바라보는 것이 아니라, 관찰자와 대상 간의 원근을 달리하는 것이다. 우리는 거시적으로 접근할 때 현상 간의 미세한 차이와 변동에 둔감해지며 그 결과로 규칙성에 쉽게 도달할 수 있다. 반면 미시적으로 접근하면 현상 간의 미세한 차이에도 예민해져서 단순화보다는 개별적 특이성에 집중하게 된다. 따라서 미시적 접근하에서는 숱한 개별적 사건들을 편의에 따라 소수의 유형으로 분류하는 단순화가 어렵게 된다.

예를 들어 구글맵(http://maps.google.com)을 이용해서 시카고 존 핸콕 센터를 찾아가보자. 먼저 미국 지도가 보이는데 양쪽 주변은 각각 태평양과 대서양이다. +를 클릭해 쭉 확대해보면 일리노이 주가 위스콘신 주, 미

구글맵으로 본 미국 전도

구글맵으로 본 일리노이 주

구글맵으로 본 시카고 전역

구글맵으로 본 시카고 다운타운

시간 주, 미주리 주 등과 경계선을 맞대고 있다. 다시 +를 클릭해서 더 들어가보면 시카고의 다운타운 거리들이 나온다. 더욱 근접해서 위성사진을 보면 주변의 자동차들, 걸어 다니는 사람들까지 보인다. 더는 태평양도 대서양도 위스콘신 주도 미주리 주도 보이지 않는다. 그 대신 처음의 미국 전도에서는 볼 수 없었던 길거리의 생생한 모습들을 볼 수 있게 된다.

그러한 것들을 결정하는 것은 나와 존 핸콕 센터의 거리이다. 처음의 미국 전도가 거시사의 관점에 해당한다면, 존 핸콕 센터 앞의 거리는 미시사적 관점에 해당한다고 볼 수 있다. 육지와 바다로 양분되는 미국 전도는 미국이라는 땅의 형태를 보여줘서 가장 단순한 인식을 준다. 그러나 대상에 점점 근접해 들어갈수록 지도는 복잡함을 드러내기 시작한다. 각 주 간의 경계선과 카운티 간의 경계가 드러나고 강줄기도 보인다. 그러다가 거리로 들어서면 한마디로는 설명할 수 없는 잡다한 광경들이 눈에 들어온다. 다시 말해 극도의 단순함에서 극도의 복잡함으로 들어서게 되는 것이다. 단순함과 복잡함 중 어느 것이 진실일까? 이 책은 그 답을 '원근 거리'에서 찾는다. 즉, 단순함은 보이지 않는 복잡함을 담고 있고, 복잡함은 단순함으로 귀결될 수도 있는 그러한 관계로 이해하려 한다.

반복적인가?

사회과학의 이론과 모형은 일회성보다는 반복적인 현상에 더 잘 적용된다. 사회과학자가 다루는 어떤 현상이 반복적이라면 규칙성을 찾기가 쉽고 그 규칙성이 정확하기까지 하다면 사회과학자들에게는 더할 나위 없이 행운이다. 사회과학에서 '반복'은 세 가지 의미로 생각해볼 수 있다. 첫째는 현상으로서의 반복이고, 둘째는 의미의 반복이며, 셋째는 검증의 반복이다.

먼저 반복의 첫 번째 의미인 '현상으로서의 반복'부터 살펴보자. 사회현상에서 반복은 단순화를 전제로 한다. 정확하게 같은 사회현상이 반복되는 일은 거의 없다. 집중적으로 인지하는 어떤 현상의 기본 패턴이 유사하게 나타나면 우리는 그것을 반복이라고 인식한다. 현상의 단순화를 통해서 서로 다른 현상들을 같은 유형으로 묶게 되는데, 현상의 반복은 시간적·공간적 차이를 두고 일어난 서로 다른 현상들을 단순화시켜서 발견하게 되는 어떤 유사한 패턴이라고 볼 수 있다. 미디어 기술의 역사를 들여다봐도 사회과학적 시각은 개별 현상의 특수성보다는 반복된 현상에 더 주목할 수밖에 없었다.

우리가 "역사는 반복된다"라고 말할 때에도 이러한 단순화를 통해 형성된 반복성의 본질을 전제로 한다. 개개인의 삶의 흔적을 통해서 일상의 반복성을 찾는 것도 결국은 단순화를 전제하지 않고는 가능하지 않다. '루틴 routine'이라는 말은 늘 반복적으로 일어나는 일을 의미하며 일상에 대한 대표적인 인상이다. 그러나 사실상 어제와 오늘 한 행위가 '루틴'해지려면 어제와 오늘의 유사점을 강조하고 차이점은 무시해야만 한다. 일상에 대한 어떤 인상 때문에 특정 현상이 반복적인 것으로 인식된다. 엄밀하게 보면 일상은 반복되지 않으며 반복이 일상을 의미하지도 않는다.

둘째, 의미의 반복을 생각해볼 수 있다. 이는 개별 현상 간의 형식적 차이는 인정하지만 동일한 규칙성이 적용될 수 있다는 데에 초점을 둔다. 주류적 역사 기술은 역사적 의미의 반복성에 초점을 두지만 미시사가들은 역사와 일상의 균열을 거부한다. "일상성은 자신을 붕괴시키는 역사적 사건마저도 압도함으로써 역사를 관통하며 역사의 토대이자 재료가 된다는 점에서 거시사 역시 우리 일상으로부터 자유로울 수 없다"(송석랑, 2011에서 재인용)고 카렐 코지크 Karel Kosík 의 책을 인용한 데 덧붙여, 송석랑은 "거시사에 대한 해체론적 읽기를 통해 일상사는 그러한 익명의 친숙성에 가리어진 역사의 진실을 읽으려 시도하는 가운데, 역사적 사건을 역사와 일상을 분리 불가능한 상태로 묶는 익명적 주체의 사건"으로 보았다(송석랑, 2011: 21).

　일상사적 접근을 포함한 미시사적 접근은 역사의 과정에 수반된 일상의 긴장, 갈등, 구성원 간의 상호작용, 개인과 구조 간의 상호작용 등을 세밀하게 짚어내서, 결과론적 시각으로 반복성을 강조하며 역사를 기술하고 해석하는 방식에 대항한다. 그러한 맥락에서 일상사적으로 접근하는 역사가들은 근대화 과정을 중심으로 역사를 파악하는 시각에 비판적 태도를 견지한다(안병직, 1998: 32). 근대화의 정당성에 근거한 역사적 접근은 정치, 종교, 과학뿐 아니라 사소한 삶의 흔적 등도 근대화라는 당위적 결과에 이르는 과정으로 보는데, 이러한 결과론적 접근은 역사적 발전 속에서 밀고 당기는 일상의 긴장된 과정을 보는 대신 근대화를 향한 합목적적 사건과 사건의 추이·결과에만 각별히 주목한다.

　셋째, 검증의 반복은 근대 과학 이론이나 모형을 입증하는 과정과 관련 있다. 이론과 모형을 확고히 인정받기 위해서는 크게 두 가지 과정을 통과해야 하는데, 하나는 제시된 검증 방법을 재현해 동일한 결과를 도출해낼 때이고, 다른 하나는 제시된 검증 방법과 다른 검증 방법을 통해서 동일한 결과를 도출해낼 때이다. 반복적인 검증을 위해서는 표준화된 방법을 접근 방법으로 채택하는 것이 유리하기 때문에 학술적 검증 과정과 글쓰기 과정은 고도로 표준화되어 있다. 또한 표준화의 준수는 학술적 결과의 평가에서 중요한 항목이 되기도 한다.

일상사적 접근과 복수의 역사

거시사적이고 사회과학적인 접근의 한계를 극복하려는 시도인 일상사적 접근을 싹 틔운 역사작업장Geschichtswerkstatt의 이야기를 잠깐 하려고 한다. 역사작업장은 1983년 구 서독에서 전국적 조직으로 설립되었고 정기 간행물 ≪역사작업장Geschichtswerkstatt≫을 발간했다. 역사작업장 운동은 1980년대 구 서독의 도시에서 대학 교수직에 임용되지 못한 젊은 역사학자들이 아마추어 역사가들과 연대해 연구 활동 단체를 결성하면서 퍼져 나갔다. 그들은 역사 학술 세미나, 워크숍 등을 주관했고 저널을 발간하는 등의 활동을 보이며 기성 역사학계에 도전적 위상을 굳혔다.

그들은 역사작업장 활동을 통해 일상적인 삶의 흔적에서 역사를 재구성하고 재기술하려 했다. 역사작업장의 활동은 역사 철학 측면뿐 아니라 활동 자체가 도전적 사건이었고 아래로부터의 접근이었다. 안병직은 역사작업장이 보여준 일반인들의 일상사에 대한 관심이 역사의 주제로서 일상이 주는 친밀감에서 기인한다고 강조했다. "평범한 개인이나 집단의 일상적 경험을 재구성해 그들의 실제 삶의 모습이 어떠했는지 구체적으로 보여주고자 한다"는 점에 주목한 것이다(안병직, 1998: 25).

현재 일상사라고 불리는 연구 경향을 서구 역사학계의 구조·제도·정치·

경제 중심의 역사 서술에 대항하는 새로운 역사 연구 방법론으로 보는 시각과 오리엔탈리즘을 필두로 하는 포스트 식민주의post-colonialism의 연구 경향은 물론이고 일본의 고현학考現學까지 포함한 넓은 범주로 보는 시각도 있다(이송순, 2006: 486).

그런데도 일상사적 접근은 생활양식 연구와 구분될 필요가 있는데, 그러한 구분은 일상사적 연구의 정당성 확보에 중요하다. 그 대표적인 전략 중 하나는 일상사적 접근 이론을 마르크스주의적 접근과의 연계 속에서 구축한 것이다. 일상과 생활양식의 차이를 하랄트 데네Harald Dehne는 세 가지로 정리했다. 첫째, 생활양식은 분석의 출발점이 사회 전체의 구조를 매개하는 생활 조건들의 총체성과 관련되어 있으며 객관적 역사 흐름을 강조하는 반면, 일상은 미시사적 관점에서 인간의 실제 행동을 반영한다. 둘째, 생활양식은 현상에 대한 통찰로 일반화할 수 있는 법칙 과정들을 설명하는 것에 중점을 두는 반면, 일상은 개인적 사회 행동의 경험적인 다양성에 중점을 둔다. 셋째, 생활양식은 역사의 장기적인 과정을 다루고 삶의 실천으로 점진적인 변화를 보여줄 수 있는 반면, 일상은 순환적인 흐름과 실제 행동의 습관적 삶을 강조해 그동안 간과했던 반복적이고 의례적인 활동을 서술한다(데네, 2002: 192~196).

일상사 연구는 "분석과 해석의 체계적 탈중심화"를 핵심 정서로 둔다(뤼트케, 2002: 38). 일상사적 접근은 1960년대 이래 마르크스주의 또는 비마르크스주의적 신좌파 역사가들의 영향으로 일어난 '아래로부터의 역사 history from below'라는 전통 위에 세워진 것으로 볼 수 있다(안병직, 1998: 25). 그러한 차원에서 알프 뤼트케Alf Lütdtke는 일상사가 무엇인지를 매우 생생하게 설명했다.

일상사는 더 이상 업적(과 범죄)에만 주목하지 않는다. 그리고 '위인들', 즉 세속 혹은 교회 지배자들의 화려함에만 주목하지 않는다. 오히려 중요해지는 것은 전승傳承 속의 대다수 이름 없는 사람들이 매일매일 고생해가면서, 또 가끔 '과시적으로 소비'해가면서 일궈냈던 삶과 생존이다(뤼트케, 2002: 16).

일상사는 지방적·지역적 범위의 새로운 기억 연구 형식 등에 대한 공통분모이다. 부분적으로 노동조합에 관련되어 있는 개별 (청소년) 모임들과 정치적 교육 기획들 이외에도 역사작업장이라는 '자유시민단체'들이 더욱 활성화되었다. 그들은 '이름 없는 사람들', 특히 '현장에서' 억압받고 격리되었던 사람들의 자취를 추적한다(뤼트케, 2002: 61~62).

일상사적 접근은 지배적 집단의 시각에서 역사를 기술하고 해석하는 것에 대한 대안적인 접근법을 제시한다. 기존의 역사는 지배적 집단의 시각에서 기록되어 지배적 관점은 부각되고, 피지배자·소수자·이방인의 관점은 무시되어왔다. 일상적 삶의 재구성은 이러한 지배적 시각의 역사 기술을 극복하기 위한 유용한 접근이 될 수 있다. 그러한 접근은 역사의 발전을 단선적 인과관계로 이루어진 단수로서의 '역사Geschichte'가 아닌, 여러 차원의 시각과 다양한 인과관계가 다층적으로 얽혀 있는 복수의 '역사들Geschichten'로 접할 수 있게 해준다.

"그동안 구조와 정치적·경제적 거대 담론에 가려졌던 역사적 대중들의 일상 복원에 대한 요구를 반영한" 일상사적 접근에 대해서 역사학자들 간에는 대안적 역사 서술이라는 찬사도 있었지만(이송순, 2006), 여러 가지 비판도 따라다녔다. 가장 대표적이고 자주 나온 비판은 일상적 접근에 따른 역사 서술이 단지 일상사의 단편적 나열이 되기 쉽다는 점이다. 이는 일상사 연구자들이 가장 경계해야 할 부분이자 빠지기 쉬운 늪이기도 하다. 일상사적 접근의 장점을 성실하게 발견하고 적응하려는 진지한 역사학자들이 이러한 비판에 따른 책임을 떠안게 되는데, 사실 그 책임의 상당 부분은 색다른 역사 서술의 기법으로 일상사적 접근을 택한 이야기꾼들에게 있다. 역사의 뒷이야기를 묶어서 일상사적 접근이라는 이름으로 포장한 저술들도 많다.

반면 일상사적 연구에 진지하게 접근하는 역사학자들조차 감수해야 하는 비판은 일상사적 접근이 궁극적으로 개인적 일상사를 사회구조와의 연계 속에서 재구성해내는 것이라는 점을 간혹 망각해왔다는 점이다. 그러나 이 점은 말처럼 그리 쉽게 극복되지 않는다. 개인의 일상사를 사회구조와의 관계 속에서 보려는 시도는 자칫 그것이 극복하려 했던 구조주의로 환원을 유도해 일상사적 접근의 의미를 퇴색시키고, 다시금 연구자를 기존의 합리적이고 구조적인 시각에 매몰시키기 때문이다.

사실상 사회사·문화사를 다룬 많은 연구들은 개인의 경험 및 기억을 다루면서도 구조주의적 접근의 관성 때문에 사회구조와의 관계를 발견하는 데에 궁극적 목적을 둔다. 이는 연구 결과물의 사회과학적 형식미를 완성하려는 사회과학자들의 강박이 작용한 것으로 보인다. 연구자들은 미시사적 접근 방법을 차용해 인터뷰를 통한 구술 자료를 수집하기도 하고 과거의 기록물들을 뒤지기도 했지만 결국 그 자료들을 다시 제도사와 정치사적으로 해석하곤 했다. 많은 사회사·문화사 연구에서 취재한 자료들을 기존의 제도와 정치사적 주장을 지지하거나 반박하는 논거로 사용하는 데 그치기 쉬웠다. 간혹 자료의 취재 자체를 평범한 사람들의 일상적 기록이나 기억이 아닌 제도사나 정치사의 한가운데에 있었던 인물들과의 인터뷰를 통해 얻는 경우도 있었다. 그러나 이들의 기억을 통해서 우리가 재구성할 수 있는 역사란 기존의 제도사나 정치사와 근본적으로 다르지 않다. 역사의 주요 인물들은 자신의 개인사를 정당화시키고 연구자와 역사 기록에 영향을 주기 위해서 상당히 의도적으로 왜곡되거나 편협한 기억을 제공하기 때문이다. 평범한 사람들의 기억에서도 편협과 왜곡은 일어나지만 대개는 비의도적이거나 무의식적으로 일어나는 기억의 본질적 측면에 해당하므로, 역사의 주요 인물들이 범하는 의도적인 기억의 왜곡과는 분명한 차이가 있다. 이런 경우의 구술 자료 수집은 제도사나 정치사적 논의를 위한 방법론적 측면에서만 미시사적 방법을 차용한 것으로 볼 수 있다.

03
일상의 기억: 자료 수집 방법

최근 약 10년간 미디어 기술의 성장은 일상의 기록을 매우 활발하게 만들었고, 우리는 비교적 손쉽게 일상의 흔적들을 그러모을 수 있었다. 예를 들면 블로그, 유튜브, 페이스북, 트위터, 카카오톡 등이 이전과 요즘을 차별화시켜주는 기술과 서비스의 대표적인 예이다. 그러나 조금만 역사를 거슬러 올라가도 일상의 흔적을 발견하기는 쉽지 않으며 대중매체로 인한 기록도 없던 시대까지 거슬러 올라가면 몇몇 개인들의 일기나 서신 등을 통해서나 흔적을 추론해낼 수 있을 뿐이다.

글에 의한 기록 이전의 역사를 다룰 때는 유적지를 발굴하거나 고대 문화와 흡사한 상태를 그대로 유지한 원시 행태의 촌락에 들어가서 관찰하는 방법 등을 활용한다. 그러나 고대인의 삶과 현대에 존재하는 원시부족민의 삶이 동일하다고 전제할 근거는 어디에도 없다. 그러한 접근은 근대 역사학이 비문명 지역에 대해 갖는 편견의 산물일 뿐이며 과거의 일상은 여전히 접근하기 어렵고 추측만 가능할 뿐이다.

기록으로 전해진 시대의 역사 연구는 국가적 차원에서 행해진 역사 기록이나 식자층의 저술 등을 통해 주로 이뤄지다 보니 정치사·제도사 중심으로 다뤄지기 쉽다. 간혹 서민들의 삶의 자취를 담은 문집, 일기, 풍속을 담은 그림이나 기록 등이 발견되면 그러한 자료들은 피지배 계층의 삶을 보여주는 귀중한 자료가 된다. 그러나 고대사로 거슬러 올라갈수록 피지배층이 직접 그들의 삶을 기록으로 남길 가능성은 그만큼 줄어들며, 그나마 전해지는 서민들에 대한 기록의 대부분은 권력에서 밀려난 지식인 계층이 쓴 것이다.

일상사적 접근은 근대화 과정에 당위성을 둔 주류적 시각에 반발하면서 출발했지만, 아이러니하게도 바로 그 근대화 과정에서 만들어진 민중 의식, 대중 교육, 대중매체, 참여적 미디어 등에 힘입은 바가 크다. 유럽 사회에서 계몽주의 시대를 지나 근대로 오면서 학교 제도, 대중 교육, 도서관, 백과사전 등을 통해 지식의 보편화가 진행되었다. 그러한 환경에서 서민들 스스로 삶을 기록한 사례가 폭발적으로 늘어났다. 그러한 기록들은 정치사·제도사의 틀을 벗어난 새로운 접근에서 역사적 기술을 가능하게 한 배경이 된다. 그러나 전통적인 역사 기술 방법인 정치사와 제도사 관점에서 볼 때 서민적 삶의 흔적은 정치사와 제도사를 정리하고 해석하는 데 보완적인 자료를 제공할 뿐, 그 자체로 자료의 차원을 넘어 역사적 관점과 기술 방법을 차별화시키지는 못했다.

현대사회에는 잡지, 신문, 라디오, 텔레비전 등 대중매체의 기록을 통해 일상사적 자료를 풍부하게 확보할 수 있다. 그것들조차 미디어 기업의 시각에서 만들어진 일상이라고 한다면 최근에 우리는 훨씬 진일보한 일상의 기록 장치들을 활용한다. 최근의 웹 2.0 환경하에서 일반 미디어 이용자들이 자신의 삶의 자취들을 블로그, 미니홈피, 각종 SNS 등에 자세히 기록하면서 일상사적 기록은 과거와는 비교도 못할 정도로 증가했다. 최근 이러한 웹상에서의 기록들은 양적인 측면뿐 아니라 정서적인 부분을 기록하기도 해, 향후 21세기 초기의 흔적을 찾아볼 수 있는 매우 중요한 일상사적 사료가 될 수 있을 것이다.

이 책은 기존의 제도사가 보여준 관점을 상당 부분 포기해야만 한다. 왜냐하면 일상사적 접근을 통해 단순히 과거의 일상을 이야기하는 것이 아니라, 새로운 미디어 기술과 기술 정책이 시민들의 일상 속에서 그것을 주도한 세력들의 취지나 기대와는 다른 형태로 나타나기도 한다는 것을 보여주고자 하기 때문이다. 평범한 사람들의 미디어 기술도입·채택·이용에 관한 일상적 삶의 모습을 기술해서, 단선적 역사가 아닌 복수의 역사를 복원해내려고 한다. 따라서 이 시도는 미디어 기술과 기술 정책에 대한 기존의 산업과 정치 중심적인 접근으로 기술된 역사를 부정하는 것이 아니다. 오히려 최종 이용자인 시민의 일상사적 의미로 시각을 확장해 기존의 접근에 대한 대안적 기술記述을 시도하려는 것이다.

이 책에서 시대·기술·정책·이용자를 총체적으로 입체화하기 위해 다양한 취재와 조사를 바탕으로 일상사적 자료를 수집해야 했다. 수집 대상 자료는 크게 과거 시점에서의 기록과 기억에 의존한 구술 자료로 구분할 수 있다. 과거 시점 기록물은 뉴스 보도와 문학, 영화 등의 예술 작품, 그리고 공공 기관의 회의록 및 백서와 개인 기록물 등을 들 수 있다. 구술 자료는 인터뷰를 통해 확보한 기억에 의존한 자료 등을 말한다.

과거 시점에서의 기록

뉴스 보도

일상사적 사료의 수집은 특정한 형식에 구애받지는 않았지만, 제도사적 기술과 일상사적 기술이 만나는 일간지를 훑어보는 것이 필수적이었다. 일간지의 보도·칼럼·사설·외부 필진·독자의 투고 글에서 미디어 기술 정책과 관련한 당시의 환경, 사실, 기술뿐 아니라 기술 정책 수용의 사회적 정서와 일반 이용자들의 반응도 발견할 수 있었다. 그러나 뉴스 보도는 개인의 일상사적 의미를 도출할 수 있는 근거라기보다는 그 시대의 언론이 당시 현상이 어떻게 역사에 기록되기를 바라고 있었는지를 보여준다고 볼 수 있다. 뉴스 보도를 기자 개인의 선택과 시각에 따른 결과물로 보기는 어려우며 다단계적 게이트키핑의 결과로 봐야 한다. 뉴스 보도는 당시 일상의 자연스러운 기억이 아니라, 고도로 기획되고 조직화된 프레이밍의 결과로 봐야 할 것이다. 미시사적 접근을 하면서 뉴스 보도를 참고할 때 이러한 점들을 염두에 두어야 했다.

문학, 영화, 예술 작품

일간지 다음으로 문학, 영화, 예술 작품에서 미디어 기술 또는 기술 정책의 수용 과정이나 단편적인 시대상을 포착해내려고 했다. 일간지와 달리 이러한 자료는 자료를 단일 검색 체계로 확인할 수 있는 것이 아니므로, 필자가 강의하던 디지털 사회학 수업에서 학생들의 도움을 받아 자료를 모을 수 있었다. 문학작품에 나타난 미디어 도입·채택 과정의 흔적들은 뉴스 보도와 달리, 기획되고 조직화된 결과가 아니라 작가 개인의 시각에서 현실을 재구성한 결과이다. 따라서 구술에 따른 기억의 재구성만큼이나 흥미롭게 현상을 들여다볼 수 있는 기회를 제공한다. 우리는 뉴스 보도가 주목할 만큼의 큰 사건이 하나도 일어나지 않아 무심코 지나온 어느 순간, 어느 현장을 문학 또는 예술 작품 속에서 우연히 보게 된다.

그 외 문헌 기록들

그 밖에 개인들이 남긴 서신, 메모 등의 문헌 증거들을 활용할 수 있다. 그러나 참고 자료로서 가치가 있는 개인적인 기록을 입수하는 것은 매우 제한적이었다. 평범한 사람들의 오래된 일기를 본인의 동의하에 두어 번 어렵게 열람한 적이 있는데, 생활상을 들여다볼 수는 있었지만 미디어 도입과 채택 과정을 다룬 참고할 만한 내용의 기록을 확보하지는 못했다. 인터뷰에서 확보할 수 있는 정도를 능가하는 특이한 점들을 개인 기록에서 확보하는 데에는 그다지 성공적이지 못했다. 향후 이 부분에서의 기록이 발견되면 나중에 자료를 보완하면 좋을 것이다.

또 공식적인 기록이나 통계자료 등은 공공 기관의 회의록, 토론 녹취록, 백서 등을 통해서 확보할 수 있었다. 인구통계학적 자료나 미디어 도입 정도에 대한 통계자료, 산업통계자료, 국회 회의록 등은 객관적인 사실을 확인하고 새로운 미디어 도입의 제도적 과정을 확인하기 위해서 참고했다.

구술 자료

인터뷰

일상사적 연구의 사료 수집에서 구술 자료가 빠질 수 없다. 구술은 구술자의 기억에 의존하는데, 기억에서 끄집어낸 구술은 단순한 과거가 아니라 과거와 현재의 관계로서 역사를 보게 한다(윤택림, 2010: 22). 한국의 역사학에서도 구술사 연구는 '밑으로부터' 또는 '기록이 없는 이들'의 기록을 만들기 위해서 시작되었다(윤택림, 2010: 23). 이는 일상사 연구가 지향하는 바와 맥락을 같이해서, 구술 자료를 확보하는 일은 일상사 연구 방법의 중요한 부분에 해당한다.

그들의 지혜는 그들에게 속한다. 그리고 내게 속하는 것은 오직 내 자신으로부터 나오는 것뿐이다(야훼, 2012에서 카를 융의 말을 재인용).

이 대목은 카를 구스타프 융Carl Gustav Jung의 경험론자다운 철저함을 보여주는 것으로 일상사적 접근의 기본적인 정서와 상통하는 점이 있다. 이 책은 미디어 기술 또는 기술 정책에 대한 '나'의 회고가 중심이 된다. 서두에서도 이야기했듯이 이 책에서 미디어 기술 정책과 일상사를 연계시키는 시도는 결국 '나'를 미디어 기술과 기술 정책의 역사 중심에 두고, '나'를 중심으로 이것들을 이해하고 해석해보려는 의도에서 나왔다.

'나'는 표면적으로는 인터뷰에 응한 면담자이지만, 독자 자신이기도 하고 때로는 필자이기도 하다. '나'의 회고를 통한 일상의 복원은 미디어 기술의 도입·채택·수용 과정에서 당시의 일상을 영위하는 이들의 삶의 관계성을 입체적으로 그려낸 것이다.

그 시대의 정서를 함께할 수 있는 독자들은 이 책을 읽으며 감회에 젖을 수 있고, 시대의 정서를 나눌 수 없는 연령대의 독자들은 사극 세트장에 들어선 듯한 생경함에 빠져들 수도 있다. 그러나 이내 누군가의 기억 속에서 현재 또 다른 새로운 미디어 기술을 접하는 우리의 모습과 겹치는 부분을 발견하게 될 것이다.

동일한 사건을 같은 현장에서 함께 보더라도 서로 다른 형태로 인식한다. 오랜 시간이 지난 뒤에 끄집어낸 기억은 대단히 취사선택된 것이어서 기억하는 주체의 수만큼이나 다채로운 기억들이 만들어진다. 기억은 의식 또는 무의식 속에서 억압suppression, 과장되기도 하고 전혀 다른 형태로 왜곡되기까지 한다. 그러나 이러한 '기억의 복수성'(윤택림, 2010: 28)에도 동시대를 비슷한 환경에서 살아간 사람들의 기억에는 서로 겹쳐진 공통된 부분이 존재할 수 있다. 각자의 독특한 기억도, 동시대인들의 공통된 기억도 모두 일상의 복원을 위해서는 중요한 자료가 될 수 있다.

　필자가 강의하는 서울여자대학교에서 각기 다른 해의 3개 학기(2011년 2학기, 2012년 2학기, 2013년 2학기)에 디지털 사회학 수강자 약 200명은 각자의 가족을 중심으로 새로운 미디어 도입 역사를 기록했고 그 내용에 관해 필자와 함께 토의했다. 조사자들은 이 조사의 취지와 결과의 사용에 대한 설명을 들었고 기록물을 연구 목적으로 활용하는 것에 서면으로 동의했다. 조사자가 자신의 가족을 대상으로 인터뷰했기 때문에, 조사 결과를 연구 목적으로 인용할 시에 실명을 사용할지의 여부를 인터뷰 결과 이용에 서면 동의할 때 조사자 스스로 결정할 수 있도록 했다. 조사자들은 대부분 익명 사용을 원했고, 극소수의 조사자들만 실명 사용을 희망했다. 인터뷰에 응했던 이들과 조사자들의 이름은 대체로 가명임을 밝혀둔다.

자기민속지학적 방법

　때로는 필자 자신의 기억과 구술을 개입시켜서 많은 인터뷰 응답자들과 함께 기억의 재구성에 직접적으로 참여했다. 이러한 시도는 사회과학 분야의 학술적 연구에서, 연구자가 연구에서 다루는 집단이나 현상을 대상화시켜서 연구자 자신에 대한 근본적인 물음에 접근할 수 없는 것에 대한 아쉬움에서 출발했다. 인터뷰를 통해 대상자들의 미디어 도입과 채택 과정에 관한 기억을 재구성하는 과정에서 필자는 그 이야기에 직접 참여하려는 충동을 느꼈다. 사람들의 일상적인 기억을 재구성하는 데 필자가 개입하는 것은 단지 연구를 하고 글을 쓰는 형식의 변칙이 아니라 필자 개인의 파편화되고 오염된 기억을 재구성하는 작업이기도 했다. 이 책에서 필자는 과다한 노출을 자제하려 했지만 개별 인터뷰 응답자들과 거의 대등한 수준으로 노출될 것이다.

간혹 규범적인 접근이나 역사적인 접근을 시도해보기도 했지만 경험주의적이고 계량적인 연구에 큰 비중을 두어온 필자는 이러한 고민이 혼자만의 고민이 아님을 이 책을 작업하던 중에 뒤늦게 알고 기뻤다. 인터뷰를 정리하면서 이미 필자의 기억과 진술이 깊이 개입되어버렸는데 이런 식의 기술이 이뤄진 것에 필자 스스로도 크게 난감해하고 있었던 터였다. 그러던 중 개인의 이야기가 사회의 이야기를 담고 있다는 생각에서 출발한 '자기민속지학'이라는 접근 방법을 접하면서 필자가 갖고 있던 고민이 구체화되었고 적극적으로 대응할 수 있었다. 연구자가 자신의 개인적 경험에 대한 진술과 성찰을 통해 자신이 속한 사회와 문화를 이해하려는 것이 자기민속지학 방법이 추구하는 바라면(주형일, 2007: 2~36; 김영찬, 2011: 345~348), 필자는 '자기민속지학'적 시도를 이 책의 접근과 기술 방법의 한 부분으로 흡수하고 싶었다. 비록 이 책이 순수하게 필자 자신을 연구 대상으로 한 것은 아니었지만 새로운 미디어 도입과 채택 과정에 대한 미시사적 접근의 한 방법으로 필자 자신의 기억도 포함시키기로 했다.

04
심층적 기술: 기술 방법

정확성의 늪
'째각째각.' 고요한 가운데 울리는 시계 소리는 텔레비전 드라마나 영화에서 긴장, 초조, 정해진 시간의 임박 등을 알려주는 장치로 자주 사용된다. 서구의 오래된 대학의 중심부에는 별 용도를 알 수 없는 탑이 자리 잡고 있어서 멀리서도 대학 캠퍼스의 등대 역할을 하는데, 흔히 그 탑 꼭대기에 어김없이 달린 것은 시계나 시간을 알리는 종이다.

필자가 샌프란시스코 근교 버클리에 위치한 캘리포니아 대학에 방문했을 때 캠퍼스 중앙에 높다랗게 서 있는 시계탑을 보았다. 탑 위로 올라갈 수 있다고 해서 구경해보려고 다가가니, 마침 입장이 허락되지 않는 날이었다. 별 수 없이 탑 앞의 벤치에 앉았다가 한 여학생에게 저 안에 들어가면 뭘 할 수 있느냐고 물어보았다. 그 여학생은 "샌프란시스코 항구, 골든게이트 브리지, 바다 등이 보이죠. 경치가 아주 좋아요"라고 했다. 그 외에 다른 것들은 없는지 물었더니, 좋은 경치 말고 뭘 더 바랄 게 있겠느냐고 했다. 전망대 역할을 하는 시계탑은 왜 지식의 전당인 대학 캠퍼스에 우뚝 서 있는 것일까? 딱히 학생들에게 수업 시작 시간을 알려주는 역할을 하는 것 같지도 않았다.

19세기를 배경으로 한 영화에는 고풍스러운 검은 양복을 입은 신사가 재킷 바깥 주머니에서 회중시계를 꺼내 시계를 들여다보는 장면이 자주 등장한다. 〈80일간의 세계일주〉에서도 이야기를 이끌어가고 긴장을 높이는 주요 장치로 시간을 활용했다. "아직 늦지 않았어. 몇 분 남았다고."

유럽 사회의 암흑시대는 그렇게 막을 내리고 '내 손안의 시간'을 가지고 근대사회로 들어섰다. DMB가 나왔을 때 '내 손안의 TV, DMB'라고 홍보했던 것이 기억난다. 우리는 '내 손안에' 들어온 것에 대해 통제권을 가진다. 근대사회는 시계로 개인의 시간 통제력을 강화했다.

시간, 달력 등에 대한 개념은 이미 고대사회에서부터 형성되어왔고 우리가 상상하던 것 이상으로 정교한 과학적 방법으로 연구되어왔기 때문에, 시간 자체는 근대사회의 상징이 아니었다. 중요한 것은 시계의 광범위한 보급이었다. 시계는 추상적인 시간을 가시화시켰으며 시계의 눈금이 보여주는 데까지 시간을 나누어 관리하도록 해주었다. 세상은 일반적인 시계의 최소 단위 눈금인 초침이 보여주는 수준만큼의 정확성을 요구했다. 그렇게 근대사회의 과학적 사고 체계는 인간이 만든 기계가 가시화할 수 있는 만큼의 정확성을 과학, 제도, 일상 속에서 강요했다. 그 정확성이라는 것은 기껏해야 사람 또는 사람이 만든 기계가 인지할 수 있는 정도에 근거한 것이었다. 더욱 정밀한 시계는 스포츠 기록경기에 도입되었고 0.001초까지의 차이도 분별해낼 수 있게 되었다. 시계가 일상의 곳곳에 자리 잡고 정확한 시간을 알려주지 않았다면 오늘날 사람들은 지금보다 좀 더 여유 있게 살 수 있었을까?

정확성의 강화는 아이러니하게도 획일화, 단순화, 반복 관찰, 증명으로 이어졌다. 어쩌면 그것은 필연적이기도 했다. 시간의 흐름 속에서 정확한 것을 포착하기란 거의 불가능했으며 어떤 것도 '정확한' 한 점을 충족시키기 어려웠다. 어차피 일상은 물론이고 과학 속의 모든 측정치는 어림한 근사치일 수밖에 없었다. A 씨네 울타리의 높이 1m 20cm는 1m 20cm 1mm일 수도 있고, 1m 19cm 9mm일 수도 있다. 자로 잴 때마다 조금씩 다르기도 하고 자마다 조금씩 다르게 나올 수도 있다. 그래도 A 씨네 울타리의 높이는 1m 20cm이다. 근대사회는 초침까지 있는 '내 손안의 시간'으로 정확성을 높이려고 시간을 나누고 또 나누었지만, 근대사회의 정확성은 직선

방향으로 흘러가는 찰나를 포착해냄과 동시에 결국은 어림과 평균의 늪에 빠지고 말았다.

심층적 기술

일상사적 기술은 세부적이고 특수한 사건에도 주의를 기울인다. 기존의 정치사적 기술에서는 세부적이고 특수한 사건이 연구자가 제시한 명제와 개념의 일반화를 위한 입증에 기여하는지에 따라, 역사 기술에 포함시킬지 말지를 판단해야 했다. 그러나 일상사적 기술에서 세부적이고 특수한 사건은 그 자체로서 연구의 중심을 이루기도 한다. 오히려 기존의 정치사적 명제와 배치되는 특수한 사건의 발굴 또는 포착은 대안적 역사 기술의 가능성을 뜻하므로 일상사 연구자들은 그러한 순간을 즐긴다.

일상사적 기술은 독특한 사례의 기술을 통해서 무리한 추론과 일반화를 시도하기보다 일상사의 기술 속에 해석과 이론이 잠재되도록 한다. 따라서 일상사적 접근에서 역사 기술은 선행 연구에서 도출한 이론적 명제 또는 연구자 개인이나 연구 집단의 선험적 결론을 입증하기 위해서 행해지는 자료 모으기나 논증 과정이 아니다. 그러한 과정은 지극히 극소량의 역사적 자료만을 채택하고 대다수의 사실들을 버리는 과정과 다르지 않다. 기본적으로 사회과학적 이론은 인과관계를 단순화하고 그것의 증명 과정을 거쳐 일반화된 이론으로 발전되는데, 그러한 과정은 언제나 소수의 자료에 대한 선택의 결단과 버려진 자료에 대한 단호한 무시를 수반한다. 그러나 역사가들에 의해서 선택된 주체들, 사건들 간의 상호작용에 의해서만 역사가 이어지는 것이 아니라 선택되지 않은 일상, 그리고 일상과 선택된 주체·사건과의 대단히 복잡하게 얽혀 있는 상호작용에 의해서 지금의 모습에 이르게 된다.

일상사적 접근과 그것에 근거한 역사 기술을 클리퍼드 기어츠Clifford Geertz는 '행위자 관점에서 현상 보기'로 규정한 바 있다(기어츠, 2009). 이것은 역사가를 전지적 작가 시점에 두기보다 특수한 사례, 주목받지 못한 일상, 아래로부터, 다시 말해 역사의 사실상 주체인 민중의 시각에서 현상을 보려는 시도로 이해할 수 있다. 일상사적 접근을 하는 역사가들은 그 결과를 가지고 특정 행위자의 사례를 일반화시키는 것을 궁극적 목표로 두기보다 특수한 사례들에 내재된 또 다른 대안적 의미를 도출해내려는 시도를 한다.

그러한 목적을 위해서 기어츠는 '심층적 기술'을 강조한다. 'thick'은 여러 가지 표현으로 번역되었는데 안병직은 '치밀한'으로 번역했고, 대다수는 '두터운'으로 번역했다. 기어츠는 'thick description'을 'thin description'과 대비해 사용했는데, 표면적이고 대표적인 현상을 기술하는 것이 'thin'하다고 본다면 현상에 대해 행위자가 인식하고 해석한 바를 역사가가 기술하는 것을 'thick'하다고 보았다. 'thick'의 번역으로 '치밀한'이라는 표현을 쓴 것은 심사숙고한 결과로 보이지만 일반 독자들에게 자칫 '성실하고 엄격하고 꼼꼼하게 분석해낸'이라는 의미로 전달될 우려가 있어 보인다. 기어츠가 말한 'thick'은 꼼꼼한 분석이라는 의미를 포함하면서도 표면적 현상의 기술로부터 행위자 인식과 이해의 단계로 한층 더 들어가서 역사를 기술해낸다는 것을 의미하기 때문에, 치밀함과는 확연한 차이가 있다. 심층적 기술은 "낯선 경험과 행위를 성급하게 익숙한 것, 알려진 것으로 환원시켜버리는 방법과는 달리 역사적 일상 속에 나타나는 새로운 것, 미지의 것, 이해하기 어려운 것들을 있는 그대로 현재화해서 이론과 모델에는 부합하지 않는 역사적 현상의 다양성과 모순성을 드러낸다"(안병직, 1998: 39). 그러한 전략을 통해 정치사가 보고자 하는 측면 또는 역사가가 입증하려는 측면이 아니라 역사의 현장에서 행위를 했던 행위자의 관점을 역사의 전면에 부각시키려는 것이다. '두터운'이라는 표현은 의미상으로는 상당히 적절해 보이지만 '두터운 기술'이라는 말은 학술적 용어로 너무 생소해 의미 전달이 잘 되지 않는 면이 있어, 이 책에서는 '심층적'이라는 표현을 사용하기로 했다. 이것이 적확한 표현이 아닐 수도 있지만 독자들이 수용하는 측면에서는 잠정적으로 적절한 표현이라고 판단된다.

05
미디어 기술과 관련 정책의 간략사

이 책에서 다루게 될 사건들의 이해를 돕기 위해서 1961년 흑백텔레비전의 본격적인 도입부터 2013년 지상파 텔레비전 디지털 전환에 이르는 과정을 간략하게 정리하면서 다소 긴 서설을 마치려고 한다. 다음 내용은 이 책이 주목하는 미디어 기술도입 과정과 관련한 주요 정책·제도로서 기술도입 전후의 정치, 경제, 사회, 문화 등의 시대상도 포함했다. 미디어 기술정책의 일상사 기술은 제도사 중심의 기술에 대한 대안적 모색에서 나온 것이므로, 먼저 전형적인 제도사적 차원에서의 역사를 정리해보고 시작하려는 것이다.

그림 0-1   미디어 기술과 관련 정책의 간략사

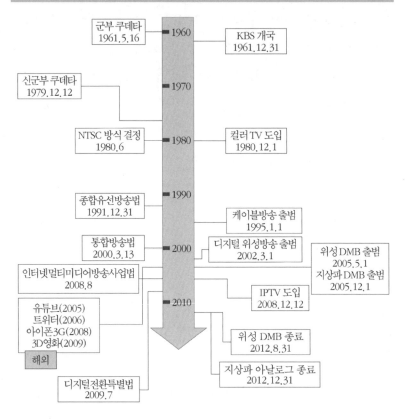

1961년 텔레비전 방송(KBS-TV)의 도입, 1980년 컬러텔레비전 기술 표준의 채택 및 방송 개시, 1991년에 제정된 '종합유선방송법'을 통한 케이블방송의 도입(1995년 방송 시작), 2000년에 제정된 일명 통합방송법에 근거한 2002년 위성방송의 도입, 2005년 위성 DMB와 지상파 DMB의 도입, 2008년 IPTV의 도입, 2013년 지상파 텔레비전의 디지털 전환 등 텔레비전 방송과 관련한 주요 기술도입은 그 어느 것도 시청자 주도로 이뤄진 적이

없다. 해외의 경우에도 텔레비전 방송과 관련해서 어떤 기술이 시청자 주도로 도입된 바는 없다고 봐도 된다. 따라서 텔레비전과 관련한 미디어 기술도입 정책은 정치사·경제사적 논의의 틀을 벗어나기 어려웠다.

이러한 관점의 고착은 미디어 기업과 정책 기관의 관점으로 미디어 기술의 도입과 채택 과정을 이해하는 편협성을 낳는다. 새로운 미디어 기술을 제도적으로 채택할 때 정부와 기업이 도입의 취지, 방법, 제도 운영, 부작용의 통제 등을 주도적으로 정해왔지만 사실상 그 결과가 언제나 취지와 계획대로 나타나지는 않았다. 지금까지 주류를 이룬 관점을 편협하다고 하는 것은 미디어 기술의 도입과 채택 과정을 바라볼 수 있는 다른 시각이 존재하기 때문이다.

이 책은 1961년 이후부터 2013년까지 방송과 인터넷 관련 기술을 중심으로 미디어 기술도입과 관련 정책을 주 대상으로 다루는데, 기존의 거시사적 해석이 아닌 일상사적 접근을 통해서 대안적인 접근과 의미를 발견하려 한다.

역사에 대한 미시사적 접근에서 언급되는 '현미경적 관찰', '관점 뒤집기' 등은 합리적으로 간주되어온 인과관계의 상투성에 의문을 던지는 지적 탐구의 도구가 될 수 있다. 일상사적 접근이 기존의 정치사·경제사를 중심으로 한 거시적 접근에 기초했던 역사 기술의 관점을 '뒤집어 보는' 미시사적 접근이라면, 한국 미디어 기술과 관련 정책 연구에서 '뒤집어 보기'는 왜 필요한가?

미디어 기술 정책의 형성 과정과 역사적 흐름에 대해 제도사가 접근할 수 없는 측면에 접근하기 위한 역사 기술 방법으로서 일상사적 접근의 도입은 적절하다. 일상사적 접근은 역사를 정치사와 제도사로 풀어가는 접근에 대한 반동에서 출발했다고 볼 수 있다. 제도사가 계몽주의의 합리성에 근거한 역사 해석을 대표한다면, 일상사는 탈근대적인 역사 해석의 입장을 따른다. 미디어 기술 정책의 형성 과정과 제도사적 해석이 공익과 산업의 활성화를 중심으로 전개되어왔다면, 미디어 기술 정책이 영향을 미치는 일상사에 대한 논의는 그동안 간과되어온 미디어 기술 정책의 전혀 다른 측면을 볼 기회를 제공할 것이다.

미디어 기술의 역사를 이야기할 때 이용자들의 선택과 수용 과정에 대한 이야기가 간과되는 것은 역사 서술에 미디어 기술 이용자보다 제도의 운영 주체와 기술의 시장 보급 주체가 중심이 되기 때문이다. 여기에는 다음과 같은 몇 가지 일들이 연루되어 있다. 첫째로 일반 시민들의 기술적 무지로 미디어 기술 정책의 수립 과정에 일반 시민이 개입할 여지가 거의 없다는 생각과, 둘째로 관련 기업의 기술에 대한 과대 포장된 홍보, 그리고 셋째로 관련 전문가들의 기술에 대한 무모한 비전 제시 등이다.

미디어 기술도입 정책은 정치적·경제적 맥락에 따라 수립되었지만 기술의 채택과 수용 과정까지 정치적·경제적 맥락에서 이뤄진 것은 아니다. 미디어 이용자들은 일상 속에서 정책적 취지나 의도와는 별개로 채택과 수용 과정을 거치게 되며 무관한 방식으로 전개되기도 한다. 미디어 기술 정책과 미디어 기술 이용 간의 이런 괴리는 역사와 일상의 균열을 반영한다.

사안별 쟁점 해결을 위한 개별 미디어 기술 정책 연구를 벗어나서, 미디어 기술 정책의 과정에 내재된 미디어 기술 또는 기술을 둘러싼 정책 주체 간의 상호관계성 패턴에 주목하다 보면 역사적 접근을 피할 수 없다. 기존의 미디어 역사를 다루는 연구들은 대체로 연대기적 서술 방식을 사용했고 제도사 중심으로 접근했다. 미시사적 접근은 거시사적 접근의 결과와 독립적으로 출발한 영역이 아니라, 거시사적 접근의 연구가 상당히 진행됨에 따라 드러내는 한계를 극복하기 위해서 시작되었다. 이러한 일은 역사 기술에서 거시사적 접근이 간과한 이면을 들추어보려는 시도로 볼 수 있다.

1 장

소비의 욕망, 욕망의 소비

할머니가 "야, 꿀리고는 못살아." 그래 가지고 사러 갔어. 약수동 온 동네 티브이 판매장을 돌아다니면서 고르고 골라서. 근데 가격이 엄청 비쌌으니까 싼 거 사려고 돌아다녔지.

텔레비 없는 집 손들어!

텔레비전에 관한 최초의 추억을 떠올려보자고 했을 때 인터뷰에 참여한 40대 이상의 대다수는 크고 작은 마음의 상처들을 먼저 끄집어냈다. 텔레비전에 얽힌 어떤 가슴 아픈 기억들을 상기하는 것은 한 사람이 묻어둔 오랜 한의 넝쿨을 잡아당기는 것 같았다. 그동안 잊고 있었던 동네, 골목길, 이끼 낀 담장, 이웃 사람, 어린 시절의 동무 등이 텔레비전을 따라 기억의 땅속에서 어렵게 나온 것이다. 어떤 이는 텔레비전에 관한 기억을 끄집어내는 순간, 오래된 아픔을 해학으로 승화시키기도 했다. 그것이 아픔이든 해학이든 텔레비전에 대한 최초의 기억은 상처받은 마음에 대한 기억들을 많이 담고 있었다.

텔레비전에 관한 최초의 기억을 떠올리는 것은 모두가 어려웠던 시절로 돌아가는 일이라서 어두웠던 과거의 장면들을 동반하지 않을 수 없다는 점을 고려하더라도 한결같이 텔레비전에 관한 아픔의 기억을 한 줌씩 가슴에 지니고 살았다는 사실은 참으로 의외였다. 텔레비전은 현대인에게 정보를 제공하고 세상을 볼 수 있는 창을 제공해줄 뿐 아니라 꿈을 주고, 쉼을 제공하는 엔터테인먼트 중심의 미디어 기술이라고 생각했기 때문이다. 텔레비전의 추억이 상처로부터 시작되었다는 사실이 텔레비전의 그러한 기능들을 부정하는 증거가 되지는 않지만, 적어도 한국인들의 흑백텔레비전에 관한 최초의 기억은 꿈, 희망, 새로운 세상, 휴식, 즐거움 등의 단어들과 함께하지는 않았다.

인터뷰 과정에서 응답자들이 끄집어낸 수많은 단어들을 살펴보면서 필자도 텔레비전의 추억 속으로 빠져들었다. 텔레비전에 대한 필자의 최초 기억은 추운 저녁, 골목길, 툇마루, 많이 모인 동네 사람들 등의 이미지를 함께 끄집어내게 했다. 필자가 아주 어렸을 때 어느 깜깜한 밤에 〈여로〉를 보러 이웃집에 갔던 기억이 짧은 흑백 영상처럼 떠오른다. 〈여로〉는 KBS에서 1972년 4월 3일부터 같은 해 12월 29일까지 8시 50분에 1시간짜리 프로그램으로 방영되어 큰 인기를 끌었던 드라마이다. 요즘도 이 드라마의 명성을 들어봤다는 청소년들이 드물지 않은 걸 보면 대단한 드라마였음에 틀림없다. 컬러텔레비전이 없던 때라서 그랬는지, 흑백사진으로 기록된 모습에 익숙해서인지 그 시절의 기억은 대체로 흑백으로 떠오른다. 아주 단편적인 기억이지만 동네 사람들이 어느 한 집에 모여 텔레비전 드라마를 보고 있었다. 방문은 열려 있었고 방 안에도 밖에도 사람들이 가득했다. 여러 사람이 방문 밖의 툇마루에 걸터앉아 드라마를 시청하고 있었고 거기에 누가 한 자리 끼어 앉으려 하면 내가 불편하다고 떼를 써서 어머니는 끝까지 못 보고 집으로 돌아와야 했다. 이것이 텔레비전에 대한 필자의 첫 번째 기억이다.

상영되는 장소가 주택이었다는 점을 제외하면 당시의 텔레비전 시청은 영화나 서커스 관람과 그리 다르지 않았다. 그리고 보니 그때만 해도 국민학교(지금의 초등학교) 운동장이나 집이 들어서지 않은 빈터에 커다란 천막을 치고 줄타기, 외발자전거, 원숭이 쇼를 펼치던 서커스단이 있었다. 벌어진 방문 틈으로, 방 안 사람의 어깨너머로 텔레비전을 시청하는 것이나 벌어진 천막 틈으로 원숭이 쇼를 보는 것이나 별반 다르지 않았다. 텔레비전이 워낙 귀하던 시대라 마을 사람들이 모여서 텔레비전을 시청하기도 했지만, 텔레비전이라는 미디어를 공동으로 이용하는 것에 별로 거부감을 느끼지 않은 듯했다. 제2차 세계대전 중 독일 시민들이 라디오 뉴스를 듣기 위해 라디오가 있는 카페에 모여들었던 광경을 찍은 기록사진을 본 적이 있긴 하지만, 공공장소가 아닌 개인 주택에 마을 사람들이 저녁마다 모여 텔레비전을 시청하는 모습은 한국적 정서 속에서나 가능했던 것 같다.

"텔레비 없는 집 손들어 봐." "냉장고 없는 집 손들어 봐." 1975년 국민학교 수업 시간에 담임선생님이 학생들에게 한 지시였다. 이것은 필자가 텔레비전과 관련해 떠올린 두 번째 기억이다. 이런 물건들을 소유했는지는 경제개발 중인 국가에서 국민 생활수준의 지표였고, 학교에서 아동의 가정 형편을 파악하는 지표로도 사용되었다. 이 질문은 "아버지 없는 사람 손들어 봐", "엄마 없는 사람 손들어 봐"에서 시작해 "텔레비 있는 집 손들어 봐"로 이어졌다. "텔레비 있는 사람 손들어 봐"라는 질문에 손을 드는 학생들이 너무 많자 선생님은 학생들에게 손을 내리라고 하고는 "텔레비 없는 사람 손들어"로 질문을 바꿨다. 아무도 들지 않았고 나도 들지 않았다. 선생님은 텔레비전 보유란에 100%라고 기입했을 것이다.

국내 텔레비전 보유 대수가 1974년에는 약 162만 대였고, 1975년에는 약 206만 대였으니, 학교에서 가정환경조사서를 작성하는 1975년 3월경에는 1974년의 등록 대수에 더 가까운 약 170만 대 정도로 추정해볼 수 있다.[1] 1974년 흑백텔레비전 보급률은 24.2%였고, 서울 대 지방의 비율은

---

1   미국의 1948년 텔레비전 보유 대수는 19만 대였는데, 1952년에는 1600만 대로 4년

표 1-1 텔레비전 수상기 보급 추이

연도	수상기 등록 대수	전체 가구 보급률(%)	보급 분포율(%)			
			서울	지방	도시	농촌
1963	34,774	0.7	100	0	100	0
1964	32,402	0.6	100	0	100	0
1965	31,710	0.5	100	0	100	0
1966	43,684	0.8	100	0	100	0
1967	73,224	1.3	88.8	11.2	100	0
1968	118,262	2.1	75.0	25.0	100	0
1969	223,695	3.9	67.0	33.0	100	0
1970	379,564	6.3	63.7	36.3	94.5	5.5
1971	616,392	10.1	59.7	40.3	92.0	8.0
1972	905,363	14.3	56.2	43.8	90.1	9.9
1973	1,282,122	19.9	49.3	51.7	86.7	13.3
1974	1,618,617	24.2	43.6	56.4	82.5	17.5
1975	2,061,072	30.3	40.3	54.7	77.3	22.7
1976	2,809,131	41.1	35.3	64.7	71.7	28.3
1977	3,804,535	54.3	32.5	67.5	69.7	30.3
1978	5,135,496	70.7	29.5	70.5	66.6	33.4
1979	5,967,952	79.1	26.6	73.4	63.3	36.7

자료: 한국방송공사, 『한국방송 60년사』(1987), 752쪽; 김영희, 『한국 사회의 미디어 출현과 수용: 1880~1980』(커뮤니케이션북스, 2009), 281쪽에서 재인용.

만에 폭발적인 증가를 보였다. 1959년에 일본의 텔레비전 보유 대수는 이미 149만 대에 달했다. 한국은 경제 여건상 미국과 일본의 보급 속도 정도에 미치지는 못했지만, 1961년에 본격적으로 텔레비전을 도입한 이후 텔레비전 보급률은 꾸준히 증가했다. 한국의 텔레비전 보급률 변화를 보면 1969년 전체 가구의 3.9%, 1974년 전체 가구의 24.2%, 1979년 전체 가구의 79.1%가 텔레비전을 보유하고 있었다. 시장의 80% 보급에 거의 20년 정도의 시간이 소요되었다.

43.6 대 56.4이며, 도시와 농촌의 비율은 82.5 대 17.5였으니, 당시 텔레비전을 보유한 가정이 대부분 도시에 집중되었음을 알 수 있다. 전국을 중심으로 보면 한 반에 75% 정도의 아이들이 손을 들었어야 했다. 필자가 살던 대구가 비교적 큰 도시였음을 고려하더라도 적어도 한 반의 50% 정도의 학생이 손을 들었어야 했다. 하기야 필자도 손을 들지 못했으니 숨죽이며 그 시간이 빨리 지나길 바라고 있었던 아이들이 더 있었을지도 모른다.

지금 생각하면 참 웃기는 상황이 아닐 수 없다. 스마트 폰 손들어, 태블릿 PC 손들어, 디지털텔레비전 손들어, 김치냉장고 손들어. …… 이런 상황이 지금의 교실에서 가능할까? 가정환경조사서의 형태와 질문 내용은 바뀌었지만 어느 시대에나 아이들에게 상처를 남겼고, 아이들의 오랜 기억 속에 저장되었다.

국교생 가정환경조사 비공개로는 할 수 없나

얼마 전 경향신문 주부 수필란에서 학교에서 가정환경조사를 공개적으로 받은 어느 어린이의 우울한 마음을 읽은 적이 있다. 아빠가 없는 어린 조카가 국민학교에 입학할 당시 동네에 있는 학생들에게 물어봤다. 지금도 학교에서 문화시설 및 가전제품 유무와 부모 생존 여부를 손을 들게 해 조사를 하느냐고 했더니 그렇다고들 대답했다. …… 왜 어린 가슴에 많은 어린이들이 지켜보는 가운데 못을 박는지. 같은 반 어린이들끼리 열등감을 조장하는 계기를 공개적으로 만들지 말아주길 문교당국에 건의하고 싶다.

(김우열, '독자의 광장', ≪경향신문≫, 1984년 9월 11일, 9면)

1980~1990년대 신문의 독자란에 투고된 내용은 너무도 유사하다. 시대가 바뀌어도 별반 달라진 것이 없었다는 이야기이다. 1990년대의 독자 투고 기사를 하나 보겠다. 텔레비전 보유 여부 조사뿐 아니라 피아노도 1990년대까지 조사 대상이었다는 점이 흥미롭다.

국교생 가정환경조사 일부 내용 유감
자가용·피아노 유무까지 물어야 하나

나는 올해 아이를 국민학교에 입학시킨 학부모이다. 그런데 입학식 다음 날 학교에서 가정실태조사서(환경조사서)를 보내왔다. '가정실태조사서'에는 아이의 신상 이외에도 집안의 문화시설, 주거 상황, 부모의 학력 등에 관한 기재를 요구하고 있었다. 물론 교사가 아이들을 교육하는 데 아이의 성격이나 건강, 가정환경 등을 미리 파악하는 것은 꼭 필요하다고 생각한다. 그러나 아이의 부모가 대학을 나왔는지 안 나왔는지, 집에 자가용, 응접실, 피아노 등이 있는지 없는지, 사는 집이 자기 집인지 셋방인지까지 꼭 기록할 필요가 있는지 의문이다.

(박정희, 독자 투고, ≪한겨레신문≫, 1990년 3월 13일, 6면)

시대가 바뀌고 2010년대에 이르러 가전제품의 소유 여부를 묻는 질문은 초등학교의 가정환경조사서에서 빠졌겠지만 아이들은 휴대전화기를 가지고 서로 비교하기를 계속할 것이다. 슬라이드 폰이 새로 나왔을 땐 폴더 폰을 가진 아이들이 주눅 들었을 것이고, 터치 폰이 나오면서는 터치 폰을 가진 아이들이, 스마트 폰이 나오고 나서는 스마트 폰을 든 아이들이 우쭐거렸을 것이다.

필자는 초등학교에 다니는 아들들에게 휴대전화를 아예 사주지 않고 있었다. 당시 한 반에 휴대전화가 없는 아이는 두 명밖에 없었다. 그런 상황에서 휴대전화를 사주지 않는 것은 거의 버티기에 가까웠다. 큰아이가 4학년이 되었을 때, 스마트 폰이 아닌 피처 폰을 하나 해주려고 휴대전화 가게에 갔다. 전화가 되고 약간의 게임이 들어가 있는 피처 폰이면 좋겠다고 했더니 가게 상담원이 하는 말이 아이들에게 그런 걸 사주면 아이들이 어차피 학교에 가져가지 못한다는 것이었다. 돌아와서 필자는 큰아들에게 피처 폰 사주면 되겠느냐고 했더니 가게 상담원과 같은 이야기를 했다. "지금은 필요 없으니 나중에 스마트 폰 사주세요." 피처 폰으로 전화도 문자도 인터넷도 쓸 수 있었다. 그뿐만 아니라 사진을 찍고 편집할 수 있는 기능도 있었고 게임도 제법 많이 설치되어 있었다. 그래도 필자의 아들은 그것을 가지고 다니느니 아예 없는 게 낫다고 생각했던 것이다. 1960~1970년대의 텔레비전도 2010년대의 스마트 폰도 단순한 필요를 뛰어넘은 다른 무엇이었다.

02
꿀리고는 못살아

한국 텔레비전 방송의 역사를 정치적 맥락에서 해석하려는 시도들은 정치사와 방송사의 관련성을 통해서 시대를 이해하는 데 기여했다. 일제강점기하의 텔레비전 방송 도입 정책은 기본적으로 정치적 맥락에서 자유롭지 못했다. 1927년 2월 16일 일본인이 설립한 경성방송국은 호출부호 JODK, 주파수 690kHz로 첫 방송을 시작했다. 1932년에 사단법인 조선방송협회로 개칭한 뒤 국내의 일본인들에게 일본의 소식을 빨리 전해주어 생활의 편리를 제공하는 것과 더불어, 한국인들을 문화적으로 일본에 동화시키는 황국식민화 사상을 주입하는 데에 중점을 두었다(≪경향신문≫, 1977.2.7). 또한 1930~1940년대 방송은 아시아 지역에서 전쟁을 치르던 일본의 선전 수단 구실을 했다.

광복 후 미군정의 존 하지John Hodge 사령관은 경성방송을 미군정의 통제하에 두고 방송 관련 장비 및 시스템을 미국에서 수입해왔다. 미군정하에서 장비뿐 아니라 방송 정시제 운영, 편성 개념 등도 도입되었다(≪경향신문≫, 1977.2.7).

1955년 11월 12일, 국회 법사위는 방송 관리 업무를 문교부에서 공보실로 이관하고 공보실 아래에 방송관리국을 신설할 것을 의결했다(≪동아일보≫, 1955.11.12). 방송관리국은 전국의 방송 관련 업무를 관리하게 되었다. 이로써 방송 인력 개발, 텔레비전 수신기 보급, 전자 산업 육성 등을 위한 제도적 지원이 시작되었다. 그 결과 금성사가 부산에 공장을 세워 라디오 수신기를 생산해 보급할 수 있게 되었고, 후에 텔레비전 생산과 보급의 토대도 마련되었다.

텔레비전이 한국에 도입된 역사는 사실 1961년 KBS 텔레비전 방송국의 개국보다 조금 더 앞선다. 1956년 5월 12일 서울 종로에 HLKZ-TV가 설립되었다. HLKZ-TV는 한국 최초의 텔레비전 방송국이라고 볼 수 있는데, 미국의 텔레비전 제조사인 RCA가 재고품을 한국 시장에서 처리하기 위해 설립했다. HLKZ-TV는 1959년 2월 2일 화재가 나서 다 타버렸고 재건되지 못한 채 방송이 중단되고 말았다. 게다가 화재 원인을 밝히는 열쇠가 될 두꺼비집을 사환이 떼다 팔아버려서 원인도 밝히지 못했다(≪동아일보≫, 1959.2.25).

1950년대의 텔레비전 도입을 임종수는 '갑작스럽게' 도입되었다고 표현했는데 그렇게 도입한 이유에 대해 다양한 설명을 제시했다. 이유 중 하나로 기술 엘리트들의 열정과 이국적인 미국 문물에 대한 경외를 들었고, 또 다른 이유로 냉전 체제에서 미국과 친밀한 관계를 유지하기 위한 조처로 미국 내 여분의 구식 수상기, 장비, 제도, 광고 등 미국 텔레비전 방송 시스템을 국내에 도입하게 된 것을 들었다. 또 다른 정치적 배경으로 1956년 선거 정국에서 당시 여당이었던 자유당이 텔레비전을 정치적으로 활용하려 했다는 의도가 언급되기도 했다(임종수, 2007: 440; 유선영 외, 2007).

1959년 4월 15일 부산MBC가 민영 라디오 방송을 시작했다. 1961년 쿠데타로 권력을 잡은 박정희 정권은 국민 통합, 경제 발전, 국민 동원 등의 목적을 달성하기 위해 라디오·텔레비전 방송 도입에 적극적이었다. 이 시기에 라디오 방송으로는 동아방송, 라디오서울(후에 동양방송)이, 텔레비전 방송으로는 동양텔레비전(TBC-TV), 문화방송(MBC-TV) 등이 개국했다. MBC는 1961년 12월 2일 서울에서 민영 상업 라디오 방송으로 시작했는데 5·16 군사 쿠데타와 경영상의 문제로 1962년 5·16 장학회에 경영권이 넘어갔다.[2] 이후 1966년 5월 11일에 텔레비전 방송국 허가 신청서를 제출

---

2 이후 1980년 언론 통폐합 과정에서 KBS가 MBC 본사의 주식을 인수함으로써 MBC

하고 바로 텔레비전 개국 준비위원회가 구성되었다(방송문화진흥회, 2009).

이처럼 새로운 미디어 도입에 정치적 의도가 개입되어 철저히 기획, 추진되다 보니, 그동안 관련 연구들은 소비자들의 흑백텔레비전 채택 과정 역시 그런 정치적 의도와 기획의 결과물로 해석하려는 경향이 강했다. 그것은 정치사적 관점으로 볼 때 잘못된 결론이 아니었고 역사적 증거들도 충분했다. 그런데도 흥미로운 것은 이 책의 저술 과정에서 행한 일반인들의 인터뷰 중에 텔레비전의 도입 과정을 정치적 맥락에서 기억해낸 경우는 200여 사례 중 단 한 사례밖에 없다는 점이다. 응답자들이 했던 진술은 대개 새로운 미디어 기술의 채택이 정치적 의도와는 다른 맥락이었음을 보여주었다.

흑백텔레비전의 정치적 맥락이 외형적으로 뚜렷했다 하더라도 새로운 미디어 기기에 대한 이용자들의 구매 욕구는 마치 그러한 정치적 상황과는 다른 세상에 사는 사람들의 일인 듯했다. 이러한 일은 컬러텔레비전과 디지털텔레비전, 스마트 폰의 도입에서도 계속되었다.

대성이(정대민 씨의 동생)가 TV 보는 걸 너무 좋아했는데, 남의 집에 가면 못 보게 할 적도 많고 그래서 눈치 보이곤 했거든, 그래서 잘 못 봤어. 하루는 대성이가 남의 눈치 안 보고 TV를 볼 수 있는 곳을 찾았다고 하더라. 집 근처에 남중(남자 중학교)이 있었는데, 중학교 담벼락이 우리 집이랑 가까이 있었

는 공영방송의 모양새를 갖추게 되었고, 1988년 방송문화진흥회가 발족되어 KBS의 MBC 지분을 인수해 MBC 지분의 70%를 보유하게 되었다.

어. 그 담벼락 위에 올라가면 TV가 있는 집 안이 잘 보였던 거야. 하루는 그 주인이 이상하게 생각해서 "너 누구야!" 하고 소리를 지른 거야. 대성이가 놀란 거지. 담벼락 아래 자전거 묶어놓는 곳 위에 쳐진 슬레이트 지붕으로 떨어진 거야. 슬레이트 10장이 부서지고, 대성이 팔이 부러졌지. 대성인 팔 깁스하고 슬레이트 값 물어주고 그랬지.

(정대민 씨 인터뷰)

텔레비전 도입에 대한 기억을 동생이 이웃집 텔레비전을 보려다가 담장에서 떨어져 팔이 부러진 이야기에서 끄집어낸 정대민 씨의 사례에서 정치적 맥락은 찾아볼 수 없었다. 컬러텔레비전을 사 온 날 기뻤던 기억을 가족들의 대화로 보여준 김소연 씨 가족의 진술에서도 정치적 맥락은 발견되지 않았다.

아버지 컬러 티브이 때문에 간판 같은 게 바뀌었어. 사회 풍경이 많이 바뀌었지. 거리 미화가 그때부터 시작된 것 같아.

삼촌 컬러 티브이가 너무 보고 싶어 조르기 시작했어.

아버지 요즘 애들 스마트 폰 사고 싶은 거랑 비슷하지. 할머니한테 사다 달라고 했고 할아버지는 안 된다고 했는데, 할머니가 "야, 꿀리고는 못살아." 그래 가지고 사러 갔어. 약수동 온 동네 티브이 판매장을 돌아다니면서 고르고 골라서. 근데 가격이 엄청 비쌌으니까 싼 거 사려고 돌아다녔지.

고모 그때는 금성, 삼성(매장)이었지. 하이마트 같은 게 없었지.

아버지　　골드스타였지. 지금의 LG야. 그게 티브이에 관해서는 넘버원이었
　　　　　어. 삼성은 후발 주자였는데, 그때 우리 집이 금성을 사 가지고 왔지.

삼촌　　　사 가지고 올 때 잔치가 난 느낌이야. 온 동네에서 구경도 와.

(김소연 씨 가족 인터뷰)

할아버지의 반대를 무릅쓰고 컬러텔레비전 도입을 강행한 김소연 씨 할머니의 '꿀리고는 못살아'라는 표현은 새로운 미디어 기술 채택의 매우 큰 부분을 함축적으로 설명한다. 그런데 이러한 정서는 김소연 씨 할머니의 특수한 정서가 아니라 인터뷰에 응한 일반인들의 가장 보편적인 정서였다. 현다희 씨 가족은 흑백텔레비전과 컬러텔레비전의 채택 과정을 모두 이야기하면서 '부의 기준', '남들 집에 있는 것은 우리 집에도 있어야 한다', '집들이 …… 집 안에 어떤 가구가 있는지, 어떤 가전제품이 있는지가 관심사였던 시대' 등의 표현을 썼다. 결국 앞서 본 김소연 씨 할머니가 말했던 '꿀리고는 못살아'의 다른 표현일 뿐이다.

엄마는 시집오기 전까지 TV가 집에 없었기 때문에 이웃집에서 TV를 보며 지냈다고 한다. 엄마는 위로 딸 셋, 아래로 남동생 하나를 둔 집의 둘째 딸이었고 지방에서 부유한 편이 아니었다. 백색 전화기와 흑백 TV의 소유 여부가 한 집안의 부를 가늠하는 기준이었다고 한다. 그런 부모님이 서로 만나 결혼을 하게 되었고 엄마는 혼수로 냉장고와 더불어 흑백 TV를 장만해 가셨다. 그런데 그로부터 5년 후 컬러텔레비전이 나왔다. 아빠는 텔레비전 시청을 즐기는 편이 아니었지만 남들 집에 있는 것은 우리 집에도 있어야 한다고 생각

하셨던 모양이다. 게다가 '집들이'라는 것이 있었을 때였는데 집 안에 어떤 가구가 있는지 어떤 가전제품을 쓰는지가 관심사였던 시대였다. 공무원이었던 아버지는 그 당시 20여 만 원밖에 되지 않는 월급에 한 달 치 월급을 들여 컬러 TV를 샀다고 한다. 컬러 TV가 집에 없다는 것은 스마트 폰이 유행하는 세상에서 피처 폰을 쓰는 것과 다름없었던 것 같다. …… 우리 집에는 컬러 TV가 있었지만 종종 아빠는 뉴스를 보고 싶고 엄마는 드라마를 보고 싶을 때 우리는 오래된 흑백 TV도 사용했다.

(현다희 씨 가족 인터뷰)

초창기 방송인들의 회고록을 보면 그들이 열악한 환경에서도 얼마나 열정적으로 방송을 만들었는지 알 수 있지만, 다른 한편으로는 일반 시민들이 방송에 얼마나 열광적인 관심을 보였는지도 엿볼 수 있다. 1956년 5월 16일에 개국했다가 이내 사라진 DBC(대한방송주식회사)의 편성과장 겸 음악과장을 맡았던 작곡가 황문평은 1994년 2월 9일 자 ≪경향신문≫ 칼럼에서 당시의 텔레비전 수상기 공급과 시청 상황을 다음과 같이 전했다.

당시의 텔레비전 수상기는 서울을 통틀어 고작 800여 대에 불과했다. 서울역 광장, 명동, 파고다 공원처럼 24인치 텔레비전이 설치된 시내 몇몇 장소에는 항상 거리의 시청자들로 들끓었다. 그때의 방송 시설은 지금과 비교하면 하늘과 땅 차이다. 녹화 시설이 없어 모든 프로그램은 생방송으로 제작해야만 했다.

(≪경향신문≫, 1994년 2월 9일)

이 시기는 본격적으로 텔레비전 방송이 시대를 연 1960년대 이전의 실험적인 텔레비전 방송 시기이다. 지금의 텔레비전 서비스나 시청 행태와 비교해보면 코미디처럼 느껴지는 걸음마 단계의 텔레비전 시대였다.

1960년대 초 신문 기사를 보면 텔레비전 구매를 위해 몰려든 소비자들의 질서유지를 위해서 기마騎馬 순경까지 동원되었다는 기록도 있다(≪조선일보≫, 1962.2.17). 시간과 미디어는 다르지만 요즘 애플에 열광하는 소비자들의 모습도 이와 다르지 않다. 아이폰 출시일에 애플 매장은 새벽부터 장사진을 이뤘다. 텔레비전과 아이폰을 구매하기 위해 모여든 소비자들의 모습은 상품을 사는 모습이라기보다는 타인들과 치열하게 경쟁하는 모습처럼 보였다. 특히 아이폰은 선착순으로 판매가 마감되는 상품이 아닌데도 애플 매장은 경마장이나 경매장 같은 분위기를 자아냈다.

디지털텔레비전이 도입될 때 분위기는 이와 다소 달랐다. 2012년 12월 31일 자로 아날로그 텔레비전을 중단해야 했는데 디지털텔레비전의 도입이 예상보다 더뎠다. 흑백텔레비전이나 컬러텔레비전이 도입될 때와 같은 충격이나 열광적인 분위기는 없었다. 이 시대가 어떤 전자 미디어 변화든 일어날 수 있는 시대라는 것을 모두 잘 알고 있었기 때문이다. 또 고가의 디지털텔레비전으로의 전환은 1인당 국민소득이 2만 달러 선인 국가에서 그리 녹록한 일이 아니었다. 게다가 미디어 이용자들은 인터넷 등 텔레비전 이외의 수단을 통해 정보와 오락 미디어를 풍족히 누리고 있었다. 그런데도 디지털텔레비전 기기로의 교체는 디지털 방송으로 제도를 전환하는 것과 별개로 지속적으로 진행되었으며 이제 돌이킬 수 없는 일이 되었다.

2000년대 초에 디지털텔레비전이 가져올 가능성에 대해서 가전사, 미디어 학자, 공학자, 관련 정부 기관 등은 많은 관심을 기울였다. 디지털텔레비전은 기존의 텔레비전에 새로운 기능이 많이 추가된 것으로 제시되었다. 이용자들에게 그런 추가적인 기능들이 절실했던 것일까? 가전사들은 정말로 그것이 이용자들에게 꼭 필요한 기능이라고 믿었을까? 바꿔 말해서 가전사는 그런 추가적인 기능들이 소비자에게 꼭 필요한 기능이 아니라면 소비자들이 디지털텔레비전을 구매하지 않을 것이라고 생각했을까? 아무도 말하지 않았지만 어쩌면 우리 모두 미디어 이용자들이 '꿀리지 않으려고' 새로운 미디어를 채택한다는 점을 잘 알고 있었는지도 모른다.

가전사들은 소비자의 새로운 소비 욕구를 불러일으켜야 했고, 정부의 정책은 경제 활성화를 위해서 이런저런 저항에도 불구하고 새로운 미디어의 도입을 촉진하는 방향으로 흐를 수밖에 없었다. 그리고 소비자는 '꿀리지 않으려고' 디지털텔레비전, 3D TV, 스마트 텔레비전, UHD TV 등으로 관심을 옮겨갔다.

시대나 미디어에 상관없이 사람들은 그들이 살고 있는 시대의 새로운 미디어 기술의 신기함에 쉽게 매료된다. 사람들은 그 새로운 미디어 기술을 보고 만지고 결국은 가지려고 한다. 그것으로 무엇을 하는 것 이상으로 단지 그것을 가지고 싶은 욕구를 간과해서는 안 된다. 기능주의 언론학이 말하는 것처럼 사람들은 새로운 미디어 기술을 이용해 더 폭넓은 정보를 얻으려 했고 더 재미있는 오락거리를 즐기려고 했으며 더 유익한 콘텐츠를 활용하려 했다. 그러나 그러한 기능적 측면들은 새로운 미디어 기술에 대한 사람들의 집착을 충분히 설명해주지는 않는다.

인터뷰 응답자들은 흑백텔레비전이나 컬러텔레비전에 대한 기억을 끄집어낼 때 그것이 전달한 콘텐츠보다 그것의 소유 또는 비소유와 획득 과정의 우여곡절 등에 대한 기억을 일차적으로 끄집어냈다. 갖지 못한 아픈 기억으로 시작해 그것을 획득하게 된 순간의 기쁨에 관한 기억으로 이어졌다. 그리고 그것이 전달한 콘텐츠에 대한 기억은 아픔과 기쁨이라는 다소 격한 감정의 롤러코스트에서 내린 뒤 한숨 돌리고 나서야 이어졌다.

이는 비단 가난했던 시대에만 적용되는 것이 아니며 최근의 새로운 미디어 기기 소유에도 적용된다. HDTV, 휴대전화, 스마트 폰 도입에서도 소비자들이 단순히 기능에만 초점을 두고 기기를 구입하거나 새로운 모델로 교체한다고 보기는 어렵다. 3G 휴대전화기가 시장에서 포화 상태에 이르자 전자 업계는 다음 세대의 휴대전화기에 대한 고민에 빠졌고, 그러던 차에 스마트 폰의 상징인 애플의 아이폰 3G는 새로운 길을 보여주었다. 사람들은 기존의 휴대전화기로도 전화, 문자, 인터넷 검색, 게임 등을 하고 있었는데도 아이폰에 열광했다.

내가 지하철에서 아이폰을 꺼내면 내 핸드폰을 힐끔힐끔 쳐다보는 사람도 꽤 많았다. 지금은 스마트 폰이 아닌 핸드폰을 사용하는 사람을 만난다는 것이 생각보다 어렵다. 그러나 얼마 전만 해도 아이폰이 불타나게 팔리고 갤럭시S도 아이폰을 따라 출시가 되어 잘 팔린다고 뉴스와 인터넷에서 말했지만 생각보다 거리에서 스마트 폰을 이용하는 사람은 많지 않았다. 아이폰을 보고도 아이폰인지 모르는 사람도 많았다. 아이폰의 생김새와 아이팟터치가 유사했기 때문이다. 실제로 나에게 아이팟터치냐고 물어보는 사람도 몇몇 있었다. 지금은 느낄 수 없는 그 기분을 다시 느껴보고 싶기도 했다. 과시하기 위해 구입한 것은 아니었지만 사람들의 시선이 괜히 나의 어깨를 으쓱하게 해주었기 때문이다.

(김지은 씨 인터뷰)

아이폰은 이용자가 자신의 단말기를 애플리케이션으로 구성할 수 있다는 점에서 전혀 다른 개념의 미디어 기기로 볼 수 있지만 보기에 따라서는 이용자들이 그렇게 열광할 만큼의 추가된 기능이 무엇일까 하는 생각이 들 때도 있다. 휴대전화기가 아이폰, 갤럭시폰, 옵티머스 등의 스마트 폰으로 바뀌어갈 때 사람들은 거기에 만족하지 못하고 업그레이드된 모델에 계속해서 열광했다. 새로운 개념의 대상이 나타날 때까지 사람들은 계속 제품의 업그레이드에 몰두했다.

장 보드리야르 Jean Baudrillard 는 『소비의 사회 La Société de consommation』에서 인간은 소비재처럼 상품이 되고 인간성보다는 다른 근거에 의해 가치가 매겨진다고 통찰했다. 그는 인간이 사물의 소비라는 새로운 유형이나 새로운 시간성에 따라 자신의 삶을 영위한다고 말했다(보드리야르, 1991; 레인, 2008: 122~124). 산업화 초창기에 한국 사회는 그 어느 때보다도 인간의 가치가 상품 소비에 따라 매겨지는 극단적인 변화를 경험했다. 과거 흑백텔레비전의 보유 여부는 인간의 가치를 매기는 새로운 척도 중에서 가장 중요한 기준이었다.

현대의 소비자들은 '허위 사물, 행복을 의미하는 기호들을 전체적으로 배치하고, 그다음에 행복이 내려앉기'를 기다린다. 예를 들면 소비자들은 최신형 휴대전화나 자동차처럼 더 새롭고 나은 모델을 갖게 되면 그 사물에서 행복을 얻을 수 있으리라고 기대한다. 물론 대체로 행복은 오지 않으며 소비자는 이런 결과를 잘못된 대상에 기대했기 때문으로 해석하고, 그 사물을 비난한다. '더 나은 휴대전화 모델이 나올 때까지 기다렸더라면 이런 기분을 느끼지 않아도 되었을 텐데.' 따라서 행복을 기다리는 작업은 다시 반복된다(레인, 2008: 130).

이러한 말은 '꿀리고는 살 수 없다'던 1960~1970년대 한국 사회의 흑백텔레비전 도입과 1980년대 컬러텔레비전 도입의 본질일 뿐 아니라 새로운 미디어 기기 구입에 열을 올리는 소비자들의 심리를 잘 설명해준다.

지금까지의 이야기처럼 새로운 미디어에 대한 욕망은 흑백텔레비전, 컬러텔레비전은 물론이고 휴대전화, 스마트 미디어에 이르기까지 거의 동일한 패턴으로 나타난다. 그렇게 보면 미디어 기술 소비와 과시 욕망은 미디어 기술도입에 수반되는 부차적인 맥락이 아닌 핵심적인 미디어 기술도입과 채택의 추진제로 볼 수 있다.

03
넌 들어오고, 넌 나가!

텔레비전이 도입되던 1960~1970년대에 텔레비전을 보유했던 가족들은 이웃과 친구들에게 텔레비전에 대한 접근권을 두고 권력을 행사할 수 있었다. 이것은 딱히 부유한 사람들과 가난한 사람들 사이의 관계로만 단순화시킬 일이 아니었다. 새로운 미디어의 도입은 구입할 수 있는 경제적 여건에 의해서만 결정되는 것이 아니었고, 다른 모든 개혁이 그렇듯이 그 가족의 결정권자가 개혁 도입의 초기 채택자 성향을 갖고 있는지 후기 채택자 성향을 갖고 있는지도 중요하게 작용했다. 당시 초기 채택자들은 새로 도입한 미디어를 중심으로 크고 작은 권력을 얻게 되었고, 고현지 씨 어머니의 진술에서처럼 기존의 권력관계가 전도된 경우도 발생할 수 있었다.

친구네 집에 TV가 있어서 학교 끝나고 그 집에 출근하듯이 놀러 갔단다. 내 기억에 그 친구는 TV 하나로 너무 변덕을 부리는 친구였어. TV로 권력자가 되었지. 동네에 TV 있는 집이 그 집뿐인데 TV를 너무 보고 싶으니깐 말이다. 그 친구가 기분을 나쁘게 해도 친구들은 참았단다. 자기에게 잘해주면 집에 오게 해줬고 다투거나 기분 상한 일이 있으면 집에 오지 못하게 했단다. 그 친구는 우리 집에 세를 살았는데 그 친구는 TV가 있고, 우리 집은 TV가 없다는 것이 너무 속이 상했어. 자기 집에는 TV가 있는데 왜 주인집에 TV가 없냐면서 약을 올렸었지.

(고현지 씨 가족 인터뷰)

집안의 경제력과 텔레비전 구매 시점이 아주 무관하지는 않았지만 인터뷰의 사례들을 보더라도, 그 둘의 관계가 그다지 비례한 것은 아니었다. 앞절에서 보았듯이 '꿀리고는 못사는' 사람들은 경제적 여건과 크게 상관없이 적금을 들거나 심지어는 있던 적금을 깨서라도 텔레비전을 구입할 돈을 마련했다.

이 시기 텔레비전에 대한 접근권을 둘러싸고 친구, 친지, 이웃 간에 형성된 권력관계는 제도화된 것이 아니었으며, 텔레비전을 보유한 자의 거들먹거림과 베풂의 정서와 비보유자들의 부러움과 시청 욕구가 적절한 지점에서 만나 생성된 타협이었다. 푸코는 이미 현대사회에서 권력관계가 구조화되면서 일상 속에서 사람들은 스스로, 그것도 능동적으로 권력관계를 만들어내는 데에 참여한다고 설명한 바 있다. 즉, 권력관계는 외부적 강제 없이도 사람들의 동조에 의해 형성된다는 것이다(포스터, 1991: 167). 어떤 경우에는 이러한 권력관계가 상호 간에 크게 의식되지 못한 채 형성되어 힘으로 행사된다.

(농사짓는 시골)

명희　TV 없으면 무시당하고 그런 건 없었어?

어머니　딱히 무시당하는 건 없었지. 대부분 다 없으니까. 어떻게 하면 최씨 아저씨 집에서 쫓겨나지 않고 TV를 보나 그런 거 연구하고 그랬지. 그 아저씨가 장날에, 5일마다 장날인데, 근데 아저씨가 술 먹으면 TV를 안 보여줬어. 술 취해가지고 꼬장부리느라고. 그런 날은 못 봤어.

(김명희 씨 가족 인터뷰)

어머니 한형숙 씨는 티브이를 본답시고 아버지가 다른 집을 전전하는 모습을 더 이상 볼 수 없어서 흑백 TV를 구입하게 되었다고 했다. 오빠들은 친구에게 TV를 보여준다는 명목으로 맛있는 것을 항상 얻어먹었고 집에 친구들을 데리고 오는 바람에 여동생과 그 문제로 자주 다투었다고 했다.

(장지영 씨가 재구성한 가족 인터뷰)

이런 식으로 텔레비전을 통한 작은 권력관계는 끊임없이 모방되었다. 이웃에게 텔레비전을 얻어 보는 것 때문에 무너진 자존심을 회복하기 위해 텔레비전을 구매해야 했는데, 때로는 집안의 경제 사정을 넘어서는 결정이기도 했다. 그렇게 어렵사리 텔레비전을 확보한 다음에 새로운 권력관계를 만들어 무너진 자존심을 회복하려고 했다. 다음의 사례는 그러한 과정을 잘 보여준다.

시간을 거슬러 올라 지금으로부터 수십 년 전, 옆집 숙이네는 텔레비전이 있었다. 동네에 텔레비전은 단 한 대뿐이었는데 그것이 바로 숙이네 텔레비전이었다. 숙이는 성질이 더러워서 항상 10원을 내거나 집 청소를 해주면 텔레비전을 보게 했다. 자존심이 강한 나는 절대로 숙이네 집을 청소해주지 않았고 돈도 내지 않았다. 그러나 텔레비전이 너무 보고 싶은 나머지 돌담 사이로[3] 겨우겨우 텔레비전을 보거나 돌을 쌓고 밟고 올라가 몰래 보곤 했다. 그러던 중 숙이가 귀지를 파주면 일주일 동안 텔레비전을 보게 해준다는 약속을 했다. 귀지 파기가 특기이자 취미였던 나는 숙이의 제안에 동의했고 숙이의 귀를 뻥 뚫리게 파주었다. 숙이도 귀지 파기에 기분이 좋았는지 내 귀를 파준다고 했다. 성냥개비가 귀에 들어가는 순간 나는 괴성을 질렀다. 숙이가 실

---

3 배경이 제주도이다.

수로 성냥개비를 너무 깊숙이 넣어버린 것이다. 일주일 동안 병원에 다녔고 30년이 흐른 지금도 귀가 가끔씩 아프다. 숙이는 정말 실수였을까? 숙이에게 귀가 찔린 후 한동안 숙이와 아무 말도 하지 않았다. 오빠에게 텔레비전을 사 달라고 몇 날 며칠을 애원했고 드디어 오빠가 월부로 흑백텔레비전을 구입했다. 텔레비전 이름은 '대한 텔레비전'[4]이었다. 오빠가 "석순아, 텔레비전 사 왔다"라고 말했던 순간을 아직도 잊을 수가 없다. 이제 더 이상 숙이가 부럽지 않았다. 〈웃으면 복이 와요〉, 〈주말의 명화〉 등 모든 프로그램을 다 보았다. 텔레비전에 먼지가 쌓일까 봐 텔레비전 앞에 달린 미닫이문을 꼭 닫아 신주단지 모시듯이 대했다. 하지만 시간이 지날수록 텔레비전을 보는 것이 시들해졌다. 텔레비전을 보기 위해 집에 오는 사람들이 싫었고 이제 더 이상 신기하지도 않았다. '대한 텔레비전'으로 숙이가 했던 것처럼 용돈 벌이나 해야겠다고 생각한 나는 텔레비전을 보기 원하는 친구들에게 10원을 내라고 했다. 하지만 엄마에게 발각되어 용돈 벌이는커녕 회초리로 엄청 맞았다.

(최은주 씨가 재구성한 어머니 함석순 씨 인터뷰)

푸코는 권력의 기술이 사회적 장의 수많은 지점에서 나타난다고 보고, 정치적 관점에서 보는 것처럼 국가가 권력관계를 전담하는 것이 아니라는

---

4 '대한 텔레비전'으로 칭한 것은 대한전선이 1975년에 내놓은 '디-제로 텔레비전'을 말한다. 대한전선은 기존 텔레비전에서 스위치를 작동할 때마다 발생하는 화면 중앙의 스폿 현상, 영상 방출 능력의 감퇴 및 화면이 이그러지는 현상 등의 결점을 없앴다는 의미에서 '디-제로'로 명명했다. 금성, 삼성, 대한전선 등이 텔레비전 생산을 주도하던 시대에 출시된 흑백텔레비전 모델 중 하나이다(《매일경제》, 1976.7.6).

생각을 견지했다(포스터, 1991: 167). 경제적으로 충분한 소비력을 갖지 못했던 1960년대 초·중반에 텔레비전이 갑작스럽게 도입되자 새로운 미디어를 소유할 수 있는 자와 그럴 수 없는 자 간에 힘의 관계가 형성되었다. 인터뷰의 증언들 중 많은 이야기들은 텔레비전이 있는 집에 가서 시청하는 데 따른 설움과 관련이 있었다.

마음에 드는 아이를 찍어서 "넌 들어오고" 맘에 들지 않는 아이에게는 "넌 나가"라고 한, 텔레비전을 보유한 집안의 아이들이 행한 횡포는 단순히 아이들의 놀이로 볼 일이 아니었다. 텔레비전을 보고 싶은 열망이 너무나 크지만 텔레비전을 갖지 못한 집안의 아이들은 그들의 횡포를 감내할 수밖에 없었다. 바로 그러한 굴욕적인 거래의 기억이 수십 년이 지나서도 지워지지 않았던 것이다.

아버지   텔레비전은 어느 날 갑자기 손님처럼 불쑥 집에 들어왔다. 그 감격적인 순간을 어떻게 잊으랴. 그건 고등학교 입학시험에 붙은 것만큼이나 행복한 일이었다. 옹기종기 온 가족이 모여 앉아 텔레비전 앞에서 떠날 줄 모르던 그때, 큰형이나 아버지 말고는 텔레비전을 만지지도 말라고 하던 어머니의 들뜬 목소리 …….

(이경진 씨 가족 인터뷰)

이러한 장면은 컴퓨터 이용에서도 그다지 낯선 장면이 아니다. 컴퓨터의 저장 장치로 플로피디스크를 사용하던 시절에 저장의 안정성은 지금과 비교해서 매우 떨어졌다. 중요한 작업을 밤새 했다가 한순간에 저장된 것들이 모두 날아가버리는 일들이 잦았다. 학생들은 과제 제출 일에 문서나 데이터를 날려버려 발을 동동거리기도 했고, 업무상 중요한 파일을 지워버려 시간 내에 복구하지 못한 직장인들은 그 책임을 무겁게 져야 했다. 요즘에는 파일이 지워졌다는 변명 따위가 조금도 통하지 않지만 말이다. 그러한 실제적인 이유도 있었지만 이런저런 불안감에 컴퓨터를 다루는 이들은 가정에서 다른 가족 구성원이 컴퓨터에 접근하는 것을 원천적으로 봉쇄하려고 했다. 그들은 가족에게 컴퓨터를 잘못 사용하다가는 중요한 파일을 잃어버리게 될지도 모른다고 겁을 주었다. 이런 일들은 컴퓨터 도입기에 각 가정에서 흔히 일어났다. "컴퓨터에 아예 손대지 마. 중요한 것 들어 있어." 이 한마디에 나이 든 부모들은 자식의 컴퓨터에, 아이들은 아버지의 컴퓨터에, 주부들은 남편의 컴퓨터에 손대지 못했던 시절이 있었다. 누가 손을 댔다고 컴퓨터 파일이 지워져버리는 것은 참으로 드문 일인데도 가족 내에서 새로운 미디어 기기를 먼저 도입한 사람들은 그것의 혜택을 보급하기에 앞서 그 기기에 대한 완전한 통제력을 행사하려 했다.

04
텔레비전 관람소

텔레비전의 도입기에 대해 인터뷰 응답자들은 참으로 흥미로운 사실을 공통적으로 떠올렸다. 임종수는 그의 논문에서 텔레비전 시청 행태를 보고하면서 이를 '사설 텔레비전 관람소'라고 표현했다(임종수, 2004: 79~107). 필자가 진행했던 인터뷰에서 1960년대를 추억한 사람들이 공통적으로 바로그 '사설 텔레비전 관람소'를 떠올린 것으로 보아 당시에 어린이나 중학생 정도의 연령대였던 이들의 머리에 깊이 각인된 풍속이었음에 틀림없다. ≪경향신문≫의 1995년 광복절 기획 기사 "흙과 함께 어느 날 사라진 것들"에서도 1960년대부터 1970년대까지 만화방에서 텔레비전을 관람하던 풍속이 언급된다(≪경향신문≫, 1995.8.16). 1980년대 초입부터 전자오락실이 생겨나면서 만화방이 밀려나기 시작했다는 언급도 있었다.

'텔레비전 관람소', 그 현상을 잘 드러낸 참 재미있는 표현이라는 생각이 든다. 텔레비전은 가정에서 가족들과 함께 시청하는 미디어 기기인데 관람소라면 서로 모르는 낯선 사람들이 볼거리를 위해 모이는 곳이니 '텔레비전'과 '관람소'는 한데 어울리기에 모순적인 용어이다. 그러나 그 시대로 되돌아가서 볼 때 텔레비전 관람소라는 말은 그리 어색하지 않았다. 먼저 텔레비전 기기 그 자체도 볼거리였을 뿐 아니라 텔레비전이 보여주는 드라마, 스포츠 경기의 유혹은 참으로 컸다. 텔레비전이 전국적으로 널리 보급되어 남의 신세를 지지 않고 텔레비전을 보던 시절이 아님을 고려할 때, 텔레비전은 동네마다 하나씩 들어와 있는 소극장 같은 존재였다. 동네에 어떤 집이나 가게에서 텔레비전을 설치해놓고 관람객들에게 돈을 받는다는 걸 그리 이상하게 생각하는 사람도 없었다.

아빠　동네에서 유일하게 티브이 있던 데가 쌀집이었어.

고모　쌀집하고 작은 구멍가게에 있었어. 그 집에서 5원 내고 2시간을 보는 거야.

엄마　레슬링, 전설의 고향, 뭐 그런 거 보러 가는 거야.

아빠   티브이가 더 보급되면서 쌀가게가 아니라 친구네 집에 가서 봤지. 저녁 7시만 되면 눈치 보면서 나와야 했어.

(김소연 씨 가족 인터뷰)

필자가 기억하는 1970년대 중반 이후에는 텔레비전 보급률이 높아지기 시작해 이미 만화방이 텔레비전 관람소로서의 기능을 다했지만, 인터뷰에 응한 많은 이들은 1960년 후반 만화방에서의 텔레비전 관람을 텔레비전과 관련한 중요한 기억의 하나로 떠올렸다. 어떤 이들은 만화방에서의 텔레비전 시청 쿠폰이나 유료 관람을 떠올리기도 했고, 어떤 이들은 텔레비전을 가진 이웃이나 친구들이 텔레비전 관람 대가로 주변에서 푼돈을 챙기던 일들을 떠올렸다.

"현우야, 만화방 가자."

"또?"

오늘은 다가올 시험에 대비해 책 보는 척이라도 하려고 했건만 어김없이 문밖에서 저를 부르는 동수의 목소리에 현우는 이제 막 펴놓은 교과서와 공책, 그리고 가지런히 깎아둔 연필 앞에서 잠시 갈등한다. 사놓았던 TV 시청 쿠폰은 이미 다 써버렸는데, 이번 주에 아주 큰 레슬링 시합이 있다고 들었다. 요즘 또래 아이들 사이에서 TV를 보지 않으면 대화가 불가능할 지경이니 어찌 되었건 그 시합만은 꼭 보고 싶은 게 현우의 솔직한 심정이다. 만화를 보면 만화방에서 TV를 시청할 수 있는 쿠폰이 나왔다. 이 별 볼일 없는 만화방이 매일 아이들로 북적이는 것은 어쩌면 TV 때문인지도 모른다. 그땐 정말이지 레

슬링 시합이라도 있다 싶으면 밤잠을 설칠 정도로 설레었고 쿠폰을 갖지 못

한 아이들은 서러움에 눈물까지 글썽일 정도였다.

(이경진 씨 가족 인터뷰)

만화방이 주된 사설 텔레비전 관람소가 된 것은 흥미롭다. 당시에 만화
는 대중 오락물이었고 한편으로는 어린이와 청소년들이 보지 말아야 할
저급 문화의 하나로 인식되었다. 요즘처럼 학습 만화, 위인전 만화, 역사
만화 등이 쏟아져 나와서 교육 매체로 인정받던 시절이 아니었다.

또 만화방이라는 곳 자체가 어린아이, 청소년부터 소일거리를 찾는 백
수 어른들까지 모여드는 칙칙하고 담배로 찌든 공간이었다. 몇 해 전 전라
북도 익산시를 잠시 방문했을 때 1970년대 초반에 문을 연 오래된 만화방
인 '맹호만화'가 있다는 말을 듣고 찾아가본 적이 있다. 수십 년의 간격이
있음에도 만화방의 분위기는 하나도 바뀌지 않았다. 2층에 있는 만화방에
들어서자 담배 연기가 가득했고, 짜장면과 짬뽕 냄새가 배어 있었다. 여러
가지 냄새가 뒤섞여 가득했지만 소리라고는 책장 넘기는 소리와 주인아저
씨의 접시 치우는 소리뿐이었다. 오래된 소파에 사람들이 가득 앉아서 만
화에 열중하고 있었고, 주인아저씨는 노련한 솜씨로 쌓여 있는 책들을 정
리하고 짜장면 그릇들을 치우고 있었다. 이 만화방에는 텔레비전도 없었
고 과거의 오래된 만화들은 서고 뒤편으로 들어가야 볼 수 있었지만 분위
기만큼은 옛날 그대로인 듯했다. 1980~1990년대에 좀 더 쾌적해진 대학
가 만화방에 다닌 적이 있긴 하지만, 이런 옛 정취가 그대로 나는 만화방이
아직 지역 도시의 중심가에서 성업 중이라는 것은 재미있는 일이었다. 그

러한 만화방이라는 공간이 텔레비전 관람소로서의 역할을 했다는 것은 만화방에 모여들던 주 고객이 곧 텔레비전 관람소의 주 고객이 될 수 있었기 때문이다. 순정 만화, 무협 만화, 코믹 만화 등을 즐기던 만화방의 고객들이 좋아할 만한 볼거리를 텔레비전이 제공해주었다는 말이다. 또한 만화방의 고객들은 만화방에서 만화 대여료를 지불하고 만화책을 보듯이, 만화방에서 텔레비전 프로그램을 볼 때에도 관람료를 지불할 수 있다고 생각해 만화방의 부가 서비스에 동조한 것이다.

05
소비의 욕망, 욕망의 소비

소비자 행동 컨설턴트인 필립 그레이브스Philip Graves는 그의 저술『소비자학Consumer.ology』에서 상품에 대한 인간의 선호 결정과 소비 행위가 합리적이고 의식적인 판단으로 이뤄지는 것이 아니라고 주장했다. 그는 "사랑하는 사람이나 거주할 집과 같이 인간의 삶에 중요한 측면부터 초콜릿바나 사소한 물건의 구매 같은 아주 작은 결정에 이르기까지 의식의 개입은 기껏해야 부분적으로 일어날 뿐"이라고 단정했다(그레이브스, 2011). 이 말은 상품에 대한 인간의 선호와 소비 행위가 무의식 동인의 지배를 받고 있음을 강조한 것으로 볼 수 있다.

실제로 사람들은 상품과 서비스에 대한 필요와 자신의 지불 능력에 따른 합리적 판단으로 소비하지는 않는다. 사람들이 국산 자동차 가격의 수십 퍼센트에 달하는 관세가 더해진 수입 자동차를 구입할 때 이를 수입 자동차의 성능에만 중점을 둔 소비로 보기는 어렵다. 다시 말해 생산지 소비자들보다 더 많은 돈을 지불하고 구입하는 것이기 때문에 수입 자동차를 사는 소비자들은 분명 자동차의 성능 측면 이상의 무엇인가에 돈을 지불하고 있다고 볼 수 있다. 그것은 해외 유명 브랜드에 대한 선망일 수도 있고 지불 능력의 과시일 수도 있다. 어떤 사람들은 지불 능력이 있어도 그러한 가치에 그만한 돈을 지불할 의지가 없을 수도 있다. 또 어떤 이들은 지불 능력이 없으면서도 그러한 가치에 그만한 돈을 지불할 의지가 있을 수도 있다. 그들은 할부로 일단 구입하고 보자는 식으로 소비한다. 소비의 욕망을 들여다보면 우리는 너무 쉽게 욕망의 소비를 발견하게 된다.

한국 사회에 흑백텔레비전이 처음 도입될 때도 그러한 면이 강했다. 최초로 생산된 국산 흑백텔레비전은 1966년 8월에 금성사가 내놓은 VD-191 모델이다. 진공관식 19인치이며 다리가 4개 달려 있었다. 당시 상공부는 1966년 7월 9일, 1차로 생산된 500대 텔레비전의 판매 가격을 6만 3510원으로 승인했다. 이 가격은 총원가 4만 4427원에 적정 이율 10%, 물품세 30%가 가산된 것이었다. 80kg짜리 쌀 한 가마가 당시 2500원이었던 것을 생각하면 쌀을 스물다섯 가마 넘게 살 수 있는 고가였다. 그 가격은 당시 금성사 신입 직원의 월급이 1만 2000원인 것을 고려할 때 거의 반년 치 월급을 하나도 안 쓰고 모아야 되는 액수였다(≪이코노믹리뷰≫, 2011.2.28).

그런데도 1966년 8월 28일 자 ≪조선일보≫에는 은행 창구를 통한 텔레비전 수상기 구입 신청 경쟁률이 평균 20 대 1이었으며 10개월 월부 판매의 경쟁률도 50 대 1이나 되었다고 나온다. 1인당 국민소득 480달러였던 1966년 한국의 경제 사정을 고려해볼 때 가히 놀라운 관심이 아닐 수 없다.

1966년 당시 1달러 환율이 255원이었으니 480달러는 약 12만 2400원(한국은행 자료에 따르면 12만 5000원)이었다. 6만 3510원이라는 텔레비전이 얼마나 고가의 물건이었는지 알 수 있다(≪조선일보≫, 1966.8.28).

그런데도 수십 대 일의 경쟁률로 텔레비전 구입을 신청했다면 어떤 이유에선가 당시 사람들이 텔레비전에 그만한 가치를 부여하고 있었다는 것을 의미한다. 새로운 미디어 기기인 텔레비전에 대한 지불 의지를 단순히 정부의 신규 미디어 보급 정책이나 필요성만으로 설명하기에는 그 당시 경쟁률은 너무나 높은 수준이다.

당시 금성사가 계획한 1차 공급량은 약 1000대였는 데 반해 이 제품이 출시되자 열흘간 구입 신청된 물량만도 서울 시내 1만 4800건, 전국적으로 약 2만여 건으로 금성사 1차 공급 계획량의 20배에 달했다. 텔레비전 무소유자에 대한 우선 공급 원칙에 따라 구매 희망자들은 텔레비전이 없다는 것을 증명해야 했고 그런 다음 공개 추첨을 통해서 구매자를 결정했다. 공개 추첨에 따른 구매자 결정은 수요가 공급을 초과할 때 판매자가 선택할 수 있는 방법들인 선착순, 추첨, 평가에 의한 우선순위 매김, 뇌물 중의 하나였다.

1960년대 한국의 텔레비전 수상기 구매는 기능과 필요만으로는 설명할 수 없는 인간의 물질적 소비와 과시의 욕망을 잘 보여준다. '베블런 효과 Veblen effect'는 인간의 물질 소비 욕망 측면을 잘 설명한다. 이 개념은 미국의 사회학자이자 사회 평론가인 소스타인 베블런Thorstein Veblen이 1899년 출간한 『유한계급론The Theory of the Leisure Class』에서 유래한다. 베블런은 그 책에서 "소유권을 생성시키는 근본적인 동기는 경쟁"이며 "그러한 경쟁의 동기는 그것이 생성시킨 소유권 제도를 더욱 발전시키고 이 소유권 제도와 관계된 사회구조의 모든 특질들을 발전시키는 데 지속적인 영향력을 발휘한다"고 했다(베블런, 2012: 55). 또 그는 "부를 소유하면 명예를 얻는다. 부는 세인들의 선망과 부러움을 사는 명예의 표시이기 때문"이라고 주장했다(베블런, 2012: 55). 베블런은 재화의 소유를 "약탈에 성공했다는 증거가 아니라, 그것들을 소유한 자가 그와 같은 공동체에 속하는 다른 개인들보다 우월함을 과시하는 증거의 가치를 획득"한 것으로 설명했다(베블런, 2012: 57). 현대인들은 육체적 안락에 필요한 것보다 더 많은 소비를 하는데, 그 직접적인 이유는 인습적인 체면치레의 기준에 맞추어 소비하는 재화의 양과 질을 높이려는 욕망에 있다고 보았다(베블런, 2012: 137).

특히 상류층은 과시욕과 허영심을 채우기 위해 희소한 상품의 소비에 열을 올려서, 가격이 상승하는데도 수요가 줄지 않고 오히려 증가하는 소비 행태가 나타나기도 한다. 이러한 과시적 소비conspicuous consumption를 두고 베블런 효과라고 한다. 과시적 소비를 하는 소비자들은 상품의 가격이 떨어지면 상품의 과시적 질이 떨어졌다고 판단해 해당 상품의 소비량을 줄이거나 소비를 중단한다(박진근·신동천·김영세, 1998: 119). 유통업에서 극소수의 상류층 고객만을 대상으로 펼치는 마케팅 전략인 VVIP 마케팅도 양적·질적 면에서나 가격적인 면에서 희소한 상품을 소비하고자 하는 현대인의 속물적 근성에 편승한 전략으로 볼 수 있다. 이런 의미에서 이를 두고 속물 효과snob effect라고도 한다.

베블런 효과와 유사한 개념으로 밴드왜건 효과band wagon effect가 있는데 이는 인간의 욕망과 소비의 관계를 잘 드러낸다. 밴드왜건 효과는 거리 퍼레이드에서 나팔 소리를 내며 지나가는 퍼레이드 마차를 따라, 거리의 아이들이 몰려나와 환호하며 뒤따르는 현상과 유사한 대중들의 반응을 요약한 개념이다. 상품 홍보, 정치 선동, 사회운동 등에서 밴드왜건 효과가 잘 드러난다. 베블런 효과가 인간의 허영과 소비의 관계를 보여주는 한편, 밴드왜건 효과는 소비에서의 군중심리를 보여준다.

네트워크 효과network effect 이론은 이런 현상들을 포괄적으로 설명하는 경제학적 개념인데, 특정 상품이나 서비스의 수요 변화가 그 상품이나 서비스의 가치와 소비에 영향을 주는 현상을 말한다. 1950년에 하비 라이벤스타인Harvey Leibenstein 이 제시하면서 시작된 개념으로 소비자들이 수요가 많이 몰려, 가치가 상승한 상품이나 서비스를 집중적으로 선호하는 현상을 말한다. 전화와 같은 상품은 다른 많은 사람들이 이용할 때 효용 가치가 더 높아지므로 많은 사람들이 이용하거나 이용할 것으로 예상될 때 소비가 증가한다. 때로는 정반대의 현상이 일어나기도 하는데 고가의 의류, 자동차, 보석 같은 경우는 희소할수록 가치가 더욱 상승하기도 한다. 이는 혼자 그 상품을 보유해서 그 상품을 소유할 만큼의 경제력과 안목이 있음을 과시하려는 인간의 속물적 욕구를 보여준다.

1966년 텔레비전 소비자들의 구매 욕구는 지불 능력이 되는 소수의 사람들에 의해서만 충족되었지만, 구매 욕구가 좌절된 사람들도 어떻게든 빠른 시일 내에 이를 충족하려 했다. 1970년대 초·중반 흑백텔레비전의 구입에 관한 이야기에서 특히 비도시지역 거주자들은 텔레비전 구입에 당시 얼마나 큰 대가를 치러야 했는지를 떠올렸다.

개인적 차원의 텔레비전 도입은 텔레비전 기기의 구입을 의미할 수밖에 없는데, 1960년대 후반에서 1970년대 초반에 이르는 시기의 텔레비전 구입은 가족 구성원 모두의 염원을 담아 공동의 노력을 통해서 이뤄낸 결실이었다. 텔레비전 구입은 단순히 하나의 가구나 전자 제품을 구입한 차원이 아니라 집안이 신식이 되고(근대화를 수용하고), 텔레비전을 구입할 정도로 경제적 여유가 있음을 과시하는 행위이기도 했다. 그러다 보니 텔레비전 구입이 사실상 경제적 여유와 반드시 정비례하지는 않았다. 경제적 형편이 어려워도 텔레비전에 대한 가족 구성원의 염원이 몹시 강한 경우에는 어떻게든 마련하려는 의지를 보였다. 박채윤 씨 가족의 이야기를 들어보자.

> 온 가족이 집에 큰 돼지 저금통을 놓고 돈이 생길 때마다 모았어. 정말 TV가 사고 싶어서 다 같이 모았어. 그때는 엄마 집이 형편도 어려웠는데 TV가 너무 보고 싶은 거야. 그래서 그렇게 온 식구가 아주 큰 돼지 저금통에 돈을 같이 모았지. 돈을 모아서 돼지 저금통 배를 가르는데 삼 남매가 얼마나 좋아했는지 몰라. 아마 일 년도 훨씬 넘게 모았을 거야. 돼지 잡아서 산 TV라면서 얼마나 좋아했다고. 그렇게 시간이 지나 흑백텔레비전이 고장이 나서 내다 버리고 한동안 텔레비전 없이 몇 년 살다가 결혼하면서 컬러 TV를 샀지. 88올림픽 기념 컬러 TV라고 할 수 있지.
>
> (박채윤 씨 어머니 증언)

텔레비전 구입은 온 가족의 염원이 될 수 있는 일이었고 그것을 위해서 가족 구성원들은 쓰고 싶은 마음을 억제하는 작은 희생을 보이면서 돼지 저금통에 돈을 모으기도 했다. 돼지 저금통이 아니라 아예 키우던 진짜 강아지를 팔아서 텔레비전 구입에 보태기도 했다. 김경희 씨 가족의 이야기는 가족 공동의 염원이 모인 당시의 상황을 생생히 보여주는 진술이기도 하지만, 실은 고증 자료라기보다 텔레비전 구입에 가족 공동의 염원이 강하게 각인된 기억의 흔적이다.

(충북 괴산)

어머니   강아지 팔아서 텔레비전 사준다고 했지. 좋은 놈하고 교배하는 거지. 그 새끼를 팔아서 찬장도 사고.

경희   개로 찬장을 샀어? 텔레비전은?

어머니   모자라지, 그러니까. 여름 내내 고추 농사를 지어서 고추도 팔고 그래서 모아서 샀지. 텔레비전만 사면 뭐하냐. 안테나를 잘 세워야 텔레비전이 나오지. 엄마네는 산이 하도 깊어서 전파를 못 받는 거야. 그래서 산꼭대기에다가 안테나를 세워서 그 줄을 따와 가지고 텔레비전을 봐야 돼. 그런데 비가 오거나 바람이 불거나 하면 안테나가 휙 돌아가 텔레비전이 안 나와. TV 사준다고 그래서 그 어린 나이에 그 더운데 고추도 따고 그랬잖아. 고추 밭에 가서.

경희   몇 살이었는데?

어머니   초등학교 들어가기 전이었나, 후였나?

경희   강아지는 몇 마리 팔았어?

어머니   강아지는 일곱 마리 정도. 고추는 일 년 농사지어 죄다 팔았지.

[김경희 씨 어머니(1971년생)의 증언]

1970년대 중반 영세 농가에서 흑백텔레비전을 구입하기 위해서는 강아지 일곱 마리로도 부족해 한 해 고추 농사지은 것을 보태야 했다. 김경희 씨 어머니의 예닐곱 살 어린 시절 기억, 특히 텔레비전에 지불한 돈에 대한 기억이 얼마나 정확한지는 알 수 없다. 하지만 적어도 김경희 씨 어머니 네가 텔레비전 구입을 위해서 어린아이도 밭에 나가 일을 돕고 한 해 농사해서 번 돈을 다 투입했다고 느낄 만큼 텔레비전 구입이 가족에게 경제적 부담을 준 것은 틀림없어 보인다. 또 김경희 씨의 외할머니는 어린 딸에게, 텔레비전 구입에 크게 경제적 부담이 되지만 텔레비전을 꼭 구입하고 싶다는 생각을 강하게 심어주었던 것도 틀림없어 보인다. 그만큼 가족 구성원들은 텔레비전을 갖고 싶었고 그것을 위해서 다른 소비를 희생시킬 각오를 공유하고 있었다. 적어도 김경희 씨 어머니의 기억 속에 텔레비전은 강아지 일곱 마리, 고추밭의 기억과 함께 엮여 있는 것이다. 어린 나이에도 텔레비전을 구입하고 싶다는 기대감이 주입되자 열심히 가족을 도와 노동에 참여했던 것이 텔레비전에 대한 김경희 씨 어머니의 지배적인 기억이었다.

또 하나 흥미로운 것은 텔레비전과 관련된 김경희 씨 어머니의 기억 속에 찬장이 슬쩍 끼어 있다는 점이다. "강아지 팔아서 텔레비전 사준다고 했지, 좋은 놈하고 교배하는 거지. 그 새끼를 팔아서 찬장도 사고." 무심코 지나갈 수도 있는 이야기이지만, 김경희 씨 어머니가 집에서 강아지를 팔아서 집안 살림에 보탬이 된 대표적인 사례를 떠올릴 때 텔레비전과 함께 찬장을 떠올린 것이다.

과거에 찬장은 부엌 살림살이의 중요한 것들을 넣어두는 곳이었고, 여성 활동의 중심이 되는 부엌에 번듯하게 자리 잡고 있는 대표적인 집안 가구였다. 요즘에는 접시 등을 넣어두는 장식장이 부엌이나 거실에 자리 잡고 있지만 1960년대 대개의 집들에서 찬장은 재래식 부엌의 부뚜막 옆에 자리 잡고 있었다. 세월이 지나 집안의 많은 가구들이 바뀔 때에도 부엌의 낡은 찬장은 쉽게 버려지지 않고 부엌의 번듯한 자리에서 거실 구석으로, 다시 마당의 한구석으로 옮겨져서 잡다한 연장이나 낡은 신발을 넣어두는 수납장이 되는 등 위치와 역할을 바꾸면서 생명을 이어갔다. 그런 찬장이 텔레비전의 기억 속에 별 연관성 없이 슬쩍 들어왔다가 사라진 것이다.

필자는 이처럼 다소 무관해 보이는 단편적 기억이 텔레비전의 기억에 따라붙은 것과 유사한 다른 한 사례에 주목했다. 또 다른 한 건의 인터뷰에서 목격하기 전까지는 김경희 씨 어머니의 텔레비전 구입에 관련된 기억 속에 잠깐 스쳐 지나간 '찬장'에 조금도 주목하지 않았다. 그런데 김재성 씨 가족의 인터넷 도입에 대한 진술을 정리하던 중 흥미로운 점에 시선이 멈췄다.

재성   인터넷 처음 개통했을 때 별거 없었지, 기능이? 나, 기억이 잘 안 나.

아버지   너, 그것으로 공부하고 그랬잖아.

재성   학교 공부를?

아버지   그래, 그걸로 공부했잖아. 너, 너, 그거 인터넷 하고, 그리고 그다음에 피아노 사 왔잖아.

재성   그랬어?

아버지   피아노도 수지에서 가져온 거야. 저거.

(중략)

재성   그럼 엄마, 아빠는 되게 빠르게 (컴퓨터를) 도입해준 거네? 신세대
       적으로.

어머니   응. 그렇게 해서 컴퓨터를 들여놓게 된 거지.

재성   컴퓨터 들여놓고 인터넷 신청도 바로 했어, 그럼?

어머니   응. 바로 했지. 전화하고 연결되는 거였으니까.

아버지   바로 했지. 넌 그래도 빨리 해준 거야, 뭐든지. 피아노 한 대가 250
       만 원이었는데 그거 사줬잖아. 그렇지, 250만 원 정도 할 거다.

       (중략)

아버지   피아노하고 컴퓨터하고 같이 놔서 그 방이 작았잖아.

재성   아, 맞아. 기억나. 이렇게 피아노가 있었고, 여기 책상이 있었어.

아버지   그려. 피아노하고 컴퓨터하고 같이 놨었잖아.

       (중략)

어머니   인터넷은 컴퓨터 사고 바로 설치해줬지. 그래서 뿌듯했지.

재성   내가 좋아했어?

어머니   응.

아버지   좋아했지. 얼마나 좋아했는데. 피아노 사고는 더 좋아했고.

(김재성 씨 가족 인터뷰)

김재성 씨 가족의 인터뷰는 인터넷 도입 과정에 관한 내용이었고 그러
다 보니 컴퓨터 구입에 관한 이야기들이 나왔다. 김재성 씨는 아버지와 어
머니가 인터넷과 컴퓨터를 특별히 구분하지 않고 사용했다고 했는데 그것

은 컴퓨터를 구입하자마자 인터넷을 설치했기 때문이라고 했다. 김재성 씨의 아버지는 인터넷에 대한 인터뷰 중 '인터넷'이라는 용어보다는 기기로서의 '컴퓨터'라는 말을 주로 사용했다. 그런데 특징적인 점은 컴퓨터 이야기만 나오면 컴퓨터 구입 이후에 구입한 피아노에 관해 언급했다는 것이다. 피아노에 대한 이야기가 나올 맥락이 아닌데도, 김재성 씨의 아버지는 수차례에 걸쳐 피아노를 언급했다. 김재성 씨의 어머니는 인터넷을 다소 사용하게 되었지만 아버지는 지금도 인터넷을 거의 사용하지 않는다. 그런데도 인터넷과 동격으로 쓰인 컴퓨터를 언급할 때면 그것의 구매 자체를 매우 자랑스러워하면서, 자식들이 그 컴퓨터로 공부하게 되었다는 점을 자랑스러워했지만, 컴퓨터를 이야기할 때면 늘 피아노를 함께 언급해서 그 두 가지가 그에게는 각기 다른 의미가 아님을 보여주었다.

"그거 인터넷 하고, 그리고 그다음에 피아노 사 왔잖아."
"피아노하고 컴퓨터하고 같이 놔서 그 방이 작았잖아."
"피아노하고 컴퓨터하고 같이 났었잖아."

김경희 씨 가족의 기억 속에 텔레비전과 함께 찬장이 자리 잡고 있었던 것처럼 김재성 씨 가족의 기억 속에 컴퓨터는 피아노와 함께 자리 잡고 있었다. 두 사례 모두 새로 도입한 미디어 기기의 기능이나 역할이 아닌 소비의 욕망이 충족된 만족감 또는 욕망이 소비된 만족감을 표현하고 있었다.

2 장

상상과 이야기로서의
미디어 기술

텔레비전을 '안방극장'이라고 부르는 것은 텔레비전을 극장이라는 은유로 표현한 것으로, 텔레비전이라는 미디어 기술에 대해 인간이 갖는 욕망과 상상을 '이야기한' 것이라고 볼 수 있다. 그 욕망과 상상의 이야기는 쥘 베른의 『해저 이만리』에 있는 바닷속 잃어버린 도시에 대한 상상이나 『피터팬』의 네버랜드와 다르지 않다. 애초에 영화관을 텔레비전으로 옮겨오지 못했으며 텔레비전도 영화관이 될 수 없었다. 그러니까 안방극장에는 극장에 있는 것들이 대체로 없었다.

01
더 나은 내일

⟨A Better Tomorrow⟩. 1980년대 후반에 청년기를 보낸 이들은 이 영화를 기억한다. ⟨A Better Tomorrow⟩는 오우삼吳宇森 감독이 연출한 ⟨영웅본색⟩의 영문 제목이다. 1986년에 홍콩에서 개봉되었고 이듬해인 1987년 한국에서 개봉된 영화이다. 'A Better Tomorrow'는 반어적인 표현이다. 홍콩 반환을 앞두고 홍콩 젊은이들의 불안한 미래를 그렸다는 영화 평도 있지만 이 영화는 홍콩의 특수한 시대적 상황에 대한 이야기만은 아니었다. 이루지 못할지도 모를 꿈을 향해 내닫는 한국의 1980년대 청년들의 꿈과 좌절의 정서와도 잘 맞아떨어져 대단한 열풍을 불러일으켰다.

⟨영웅본색⟩은 배우 주윤발周潤發, 장국영張國榮, 적룡狄龍이 출연했고 홍콩 뒷거리 청년들이 끝내 못 이룰지도 모를 '더 나은 미래'를 꿈꾸며 살아가는 모습을 비장감 넘치게 그린 누아르 장르의 걸작이다. 경찰이 된 동생 송자걸(장국영)도, 폭력 조직에 몸담은 송자호(적룡)도, 그의 친구 소마(주윤발)도 모두 더 나은 내일을 꿈꾸고 있었다. 송자호와 소마는 범죄 조직에 몸담고 있었고, 송자걸은 형이 속한 범죄 조직을 소탕하는 임무를 맡는다. 어떤 의미에서건 더 나은 내일에 대한 욕망은 모든 이들의 꿈일 것이다. 비록 서로가 꿈꾸는 미래가 다를지라도.

재수하던 시절 텔레비전 드라마 감독을 꿈꾸던 한 친구가 이 영화를 보고 잠을 못 이뤘다고 했다. 시간이 지나 그 친구와 함께 학원 앞의 영화 카페에서 그 영화를 보았다. 영화 카페라고 하면 요즘은 온라인 포털 카페를 떠올릴 테지만, 여기서 말하는 영화 카페는 말 그대로 영화를 보는 카페이다. 대형 스크린이 있는 커피숍이라고 하는 게 적절할지, 음료수를 제공하는 소극장이라고 해야 할지 모르겠다. 자리 배치도 극장처럼 일렬로 되어 있었고, 대화를 나눌 수 없는 분위기였다. 모두가 영화에 열중할 수밖에 없는 환경이었다. 각자 작은 방에서 다른 사람들의 방해를 받지 않고 서비스를 누릴 수 있는 노래방, 비디오방 등의 '방' 문화가 시작되기 직전 단계의 서비스였던 것 같다.

거기서 아호(송자호)도 아걸(송자걸)도 마크(소마의 다른 이름)도 나도 친구도 함께 어우러져 1987년 가을 어느 순간을 만들어내고 있었지만 우린 서로 다른 꿈을 꾸고 있었다. 그리고 지금은 이 영화가 중간에 어떻게 이야기가 전개되었는지 기억이 가물가물하지만, 〈영웅본색〉은 영화 자체로만 기억되는 것이 아니라 1987년, 재수, 영화 카페, 친구, 주윤발, 장국영 등과 하나의 집합으로 묶여 기억된다.

새로운 미디어 기술도입과 채택 과정에 관한 우리의 기억도 특정 기술, 특정 기기에 대한 것이 아니었다. 우리의 기억은 심연에서 표면에 이르는 다층적 기억장치에 쪼개져 보관되었다가, 하나의 단서를 중심으로 다층적 기억 보관소에서 이것저것들을 끄집어내어 조합된다. 개인 간에도 상이한 기억의 집합들이 구성되는 것과 마찬가지로 각 사회시스템도 각기 다른 기억의 집합을 가지고 있다. 그 기억의 집합 속에서, 그리고 그 기억의 집합을 통해서 정치권력, 미디어 기업, 일반 시민들은 각기 다른 꿈을 꾼다. 각자가 꿈꾸는 더 나은 내일을 위해.

흑백텔레비전이 도입된 배경에 대한 정치적인 의미를 논하는 것은 매우 일반적이고 상투적인 접근이다. 1961년 12월 31일 KBS-TV가 개국되면서 본격적인 텔레비전 방송 시대가 열렸다. 국가재건최고회의는 1961년 8월 텔레비전 방송국 설립을 계획했는데, 당시 공보실장 오재경은 "여론을 만드는 서울 시민의 병든 마음을 성하게 고치기 위해서 나는 텔레비전국을 세우기를 원했다. 또한 새로워지는 나라와 겨레의 모습을 구체적인 것으로 만들어서 이것을 눈으로 보고 그들의 생활로 삼게 하기 위해서"라고 텔레비전 방송국 설립의 취지를 말했다(정순일, 1991: 135). 1961년에 라디오 방송으로 출발한 MBC 문화방송은 1969년에 텔레비전 방송을 시작했고, 1964년 5월 9일에 라디오 방송을 시작한 동양방송은 같은 해 12월 7일에 동양텔레비전방송(TBC-TV)을 시작했다.

참고로 1936년 영국 런던에서는 세계 최초로 BBC가 텔레비전 방송을 시작했으며 1939년 뉴욕 세계박람회 때 일반인에게 공개되었다. 1941년 미국은 FCC의 허가로 뉴욕에서 상업방송을 최초로 시작했다. 한국에서는 1956년 HLKZ-TV가 격일로 저녁에 2시간 방송을 하면서 텔레비전 방송을 도입했지만 1958년과 1959년에 연이은 화재로 전소되었고 결국 1961년에 문을 닫았다. 그러한 상황에서 새로이 시작하는 텔레비전 방송이었기 때문에 비록 그것이 상투적인 연결이라 할지라도 정치적 맥락에 대한 고려 없이 1961년 12월 31일의 KBS 개국을 설명하기는 쉽지 않다.

남산에 새로운 건물을 지어 개국을 서두르고 있는 KBS 텔레비의 시험 방송이 24일 저녁부터 시작된다고 한다. 실은 크리스마스이브인 이날 하오 개국할 예정이었으나 미국에서 올 몇 가지 부속품이 도착하지 않아 개국은 명년으로 미루고 우선 시험 방송만 하게 된 것이라고. 2~3년 전에 민간 텔레비가 방송된 일이 있지만 불행히 불타버리고 기껏해야 AFKN 미군 테레비를 보는 수밖에 없었던 딱한 처지를 생각하면 우선 국립 텔레비 방송이라도 시작되는 것은 적이 반가운 일이 아닐 수 없다. 그러나 텔레비 방송이 시작한다 해도 어느 만큼의 국민들이 이를 즐길 수 있을까 생각하면 서글픈 느낌이 앞선다. …… 외국에서는 텔레비가 매스메디아의 으뜸을 차지하고 신문이나 영화가 텔레비에 눌릴 기세라고 하지만, 우리나라로선 초창기라고는 하지만 텔레비 수신기의 보급이 큰 문제이니 어떻게 생각하면 이는 매스메디아가 아니라 마이노리티 메디아가 되기 십상이다.

(≪경향신문≫, 1961년 12월 24일, 1면)[1]

1961년 KBS의 설립을 한국의 본격적인 텔레비전 방송의 시작으로 볼 때 이는 군부 쿠데타로 들어선 정부에 의해서 강행되었다고 볼 수 있다. 이는 단지 가설이 아니라 많은 역사적 자료들이 사실임을 입증한다.

남산에 텔레비 방송국

정부의 공보부에서는 시내 남산에 우리나라에서 처음인 텔레비죤 방송국을 금년 안에 세우리라고 한다. …… 공보부는 그에 필요한 방송 기재를 곧 미국

---

1 텔레비전 용어가 하나로 통일되지 않아서 '텔레비', '테레비' 등으로 하나의 칼럼 내에서도 여러 개의 모양으로 사용되고 있다. 같은 해 11월 8일 자 ≪동아일보≫에서는 '텔레비'라고 표기해놓고, 9월 17일 자 ≪동아일보≫에는 '텔레비죤'이라고 표기되어 있었다.

에서 사들일 예정이라고 하며 그 방송을 시작하는 것은 빠르면 올해 크리스마스 전날 밤인 24일을 기하여 보낼 예정이라고 한다. 그 방송을 매일 5시간씩 내보내며 그 텔레비죤 방송국 자리를 앞으로는 라디오쎈터로 만들 것이라한다.

(≪동아일보≫, 1961년 9월 17일, 4면)

개국 서두르는 텔레비 방송국

남산방송국 건너편 언덕 아래에 국영 텔레비전 스튜디오의 건조 공사가 한창 진행되고 있다. 지난 10월 10일 갑자기 착공된 이 TV 스튜디오는 오는 12월 24일 크리스마스이브에 개국할 예정으로 주야晝夜 이십사 시간의 작업이 계속되고 있다. …… 그 후 시발점에 되돌아간 텔레비의 재건 운동이 민간인들에 의해 여러 차례 계획된 바 있으나 실현을 보지 못하고 있던 중 이번 혁명정부의 발안으로 국영 텔레비의 건성이 착수된 것이다.

(≪동아일보≫, 1961년 11월 8일, 4면)

그러다 보니 텔레비전의 도입과 수용 과정을 정치적인 측면에서 보려는 시각이 주목받아왔다. 이러한 시각은 혁명정부가 미디어를 이용해 사회질서를 회복하고 국민을 동원하며, 정부 시책을 빨리 알리고, 가능한 한 농민·도시 노동자들에게 잘살 수 있다는 희망을 제공하려는 전략에서 텔레비전 도입을 강행했다고 설명한다. ≪동아일보≫의 보도가 보여주듯이 10월 10일 착공해서 하루 24시간 공사를 강행하고 12월 24일 방송을 개시한다는 목표를 세운다는 것은 혁명정부하의 특수한 상황이 아니고서는 상상하기 어려운 일이다.

정말로 놀라운 일은 따로 있다. 한국 현대 언론사를 연구하는 학자들이 혁명정부가 휘몰아쳐 이 땅에 텔레비전 방송을 본격적으로 출범시켰던 1961년 겨울의 그 일에 주목했던 것과는 대조적으로 50여 년이 흐른 뒤 대부분의 사람들은 흑백텔레비전에 대한 기억을 그런 정치적 맥락으로 엮어내지 못했다. 물론 그러한 사실이 흑백텔레비전 도입에 관한 정치적 맥락의 의미를 희석시키지는 않지만, 텔레비전 도입에 또 다른 맥락이 있다는 것을 말해준다.

한국 시청자들의 텔레비전 수용과 활용이 정부의 텔레비전 도입 취지대로 따라간 것은 아니었다. 1960년대 텔레비전 도입의 배경을 정치적으로 설명하는 것은 가능하지만 텔레비전이라는 개혁이 도입되고 확산되는 과정 중 정치적인 논리로는 해석되지 않는 부분이 매우 크다. 흑백텔레비전의 갑작스럽고 전격적인 도입을 정치적인 맥락에서만 해석하는 것은 현상을 너무 단순화시키는 오류를 범할 수 있다는 생각이 든다. 초기 흑백텔레비전에 관해 인터뷰 응답자들은 하나같이 텔레비전이 제공한 스포츠와 드라마에서 받은 강한 인상을 이야기했다. 공통적으로 나온 이야기는 프로레슬링 김일 선수, 드라마 〈아씨〉, 〈여로〉 등에 대한 것들이었다. 마동훈이 언급했듯이 흑백텔레비전 방송의 도입은 정치적 맥락 이외에 국민의 오락 욕구가 반영된 측면도 있다.

혁명정부가 '크리스마스 선물'로 텔레비전 개국을 준비한 것도 잠재적 시청자의 오락과 레저에 대한 욕구를 제대로 파악한 것임이 상당 부분 사실이다.

극장에서의 영화 관람 이외에 이렇다 할 도시 내 문화 소비의 출구를 갖지 못한 서울 시민들에게 텔레비전은 처음부터 매우 매력적인 매체였다(마동훈, 2011b: 52).

어느 날 정부의 깜짝 크리스마스 선물로 주어진 KBS 텔레비전 개국에 국민들은 환호했다. 그것이 국영방송이건 아니건 하는 것은 보통의 국민들에게 큰 관심사가 아니었다. 국민들은 새로운 테크놀로지에 환호했고, 테크놀로지가 전달하는 메시지에 충실하게 반응했다(마동훈, 2011b: 54).

정치적으로 접근하면 컬러텔레비전의 도입도 1980년 권력을 잡은 신군부의 주도로 이뤄진 문화 정책의 하나로 볼 수 있다(임종수, 2007: 467~469). 이 해석은 컬러텔레비전의 도입이 왜 하필 1981년에 이뤄졌는지를 설명하지만, 한국 사회에 컬러텔레비전이 도입되고 채택되는 과정을 설명하는 지배적인 해석이 되기에는 충분하지 않다. 이에 대해서 윤상길은 정치적인 해석에 고착하면 기술의 역사를 단절적으로 파악할 우려가 있으므로 다양한 접근이 필요하다고 강조했다.

1970년대 컬러텔레비전의 조기 방영은 상공부와 전자 업계의 끈질긴 제기에도 불구하고 경제 외적이고 정치적인 이유로 인해 좌절되었지만 KBS를 비롯한 방송사들은 숨죽여 조용히 컬러 방송을 대비해 기술 연구와 함께 장비를 도입했으며, 1980년 12월 컬러 방송 개시 이후에도 신속히 대비해 나가기 시작했다(윤상길, 2011: 28).

1981년 본격적으로 컬러텔레비전이 도입된 배경과 관련해, 표면적으로 뚜렷한 신군부의 영향력 외에도 윤상길의 주장처럼 산업적 관점의 해석도 가능하다. 흑백텔레비전 보급이 이미 포화 상태에 이르렀고, 1970년 전후로 텔레비전을 구입했던 가구들 사이에서 고장 나기 시작한 텔레비전을 교체하려는 욕구가 커진 시기라고 볼 수 있다는 것이다. 이런 점은 텔레비전 소비자나 전자 제품 기업의 입장에서 모두 컬러텔레비전의 도입을 기대한 배경이 될 수 있다. 컬러텔레비전의 도입과 채택 배경에 정치적 맥락이 표피적인 데 반해 경제적 맥락은 깊은 층에서 지속적으로 이어져왔음을 알 수 있다.

컬러텔레비전의 도입은 1980년대의 새로운 일이 아니라 이미 1969년부터 추진되기 시작했으며, 1974년에는 한국교육개발원이 교육 텔레비전 방송을 컬러로 실시할 계획을 수립해 구체적으로 추진하기도 했으나,[2] 박정희 대통령이 컬러텔레비전 도입을 시기상조라고 반대해 도입이 지연되었다. 그러나 컬러텔레비전 도입을 기대한 기업과 소비자의 꿈이 사라지진 않았다.

컬러텔레비전 도입에 대한 박정희 대통령의 완강한 태도에는 상업자본

---

[2] 1975년 3월 우면산 기슭에 지상 5층의 건물을 완공하고 8월에 FM 라디오와 컬러텔레비전 방송용 기자재를 설치·완료했다. 방송 시설과 기자재 값으로만 11억 원이 든 이 사업은 전국 학교 가운데 2/3를 포함하는 지역에 UHF로 컬러 방송을 내보내고 750만 명의 학생이 교육 프로그램을 볼 수 있게 할 계획이었지만, 결국 미국 웨스팅하우스가 개발한 '티콤T-COM' 장치(기구氣球에 의한 송신장치)가 말썽을 부려 실패로 돌아갔다(정순일, 1991: 246; 윤상길, 2011: 28).

으로부터 방송사에 대한 통제권을 유지하려는 의도, 컬러텔레비전 시청료 인상과 수상기 값의 상승이 가져올 당시 공보 매체로서의 텔레비전 보급 지연에 대한 우려 등이 동시에 작용했다는 주장도 있었다(김호정, 2010: 109~113). 그뿐 아니라 문화적으로 '컬러'는 흑백보다 사실적이고, 자극적이고, 감성적이며, 무엇보다 다양성의 표출로 여겨지는데, 정권 유지와 경제개발에 대한 강박을 가진 대통령이 새로운 기술의 이러한 문화적 가능성을 정치적 부담으로 받아들였을 것으로 생각해볼 수 있다. 1973년 2월 8일 개정된 '경범죄처벌법'에서 '신체의 과도한 노출, 안까지 투시되는 옷을 착용하는 행위'와 '성별을 알아볼 수 없을 정도의 장발을 한 남자'를 처벌 대상으로 명시했다는 점을 고려한다면, 당시 정권과 기득권 집단이 문화의 다양성에 대해 얼마나 경직된 태도를 보였는지 단면을 볼 수 있다.

컬러텔레비전의 도입을 선진 자본주의 국가의 해외시장 확장 측면에서 접근해 미국의 통상 압력 때문으로 보는 견해도 있다. 즉, 미국은 '자국에서는 컬러텔레비전을 방송하지 않는 나라가 많은 양의 컬러텔레비전 수상기를 수출하고 있다'는 이유를 내세워 한국 텔레비전 수상기의 수입 규제를 강화하겠다는 통상 압력을 가해왔으며, 한국의 전자 업계는 컬러텔레비전 수상기의 수출이 벽에 부딪힐 것을 우려해 압력을 행사한 것으로 보는 시각이다(임동욱, 1993: 486; 정순일, 1991: 243~246).

미디어 기기의 도입과 채택 과정을 정치적·경제적 관점이 아닌 일반 시민들의 일상사적 의미에서도 바라볼 수 있다. 인터뷰에서 할아버지, 할머니, 아버지가 손자 또는 자식들 기죽이지 않으려고 흑백텔레비전을 도입했다는 진술이 많이 나온 반면, 컬러텔레비전은 그 흑백텔레비전을 보고

성인이 된 자식 또는 손자가 직장에서 월급 받아 부모님께 선물하는 경우 또는 그 세대들이 결혼하면서 혼수품으로 사는 경우가 많았다. 필자가 진행한 인터뷰에서 응답자들이 기억해내지는 못했지만 당시의 신문 보도는 흑백텔레비전 방송이 시작된 직후의 다양한 텔레비전 구매 양상을 보여준다. 혼수, 효도, 영어 공부, 유행에 뒤처지지 않으려는 이유 등으로 텔레비전에 대한 관심이 매우 높아서 기기 공급이 수요를 따르지 못할 정도였다.

쉴 줄 모르는 텔레비 붐, 수상기 월부 매력에 끌린 만태

'결혼 준비에는 꼭 필요하니까' 하는 직장 여성이 쌈짓돈을 끌어내놓는 순진 파가 있는가 하면 나이 많은 부모에게 효도하느라고 세트를 사들이는 효도형이 있고, 자녀들 영어 공부에 도움이 된다고 예산외지출을 감행하는 자친 慈親 형도 많다. "어젯밤 챤넬 ××× 보셨습니까" "틀어보시유"라고 오르내리는 TV 화제에 빠지지 않기 위하여라는 노력가도 적지 않다.

(≪동아일보≫, 1962년 3월 22일, 4면)

특히 1960~1970년대 산업화 과정에서 도시로 나가 성공한 자녀들이 1980년대에 부모님께 컬러텔레비전을 효도 선물로 보내드리곤 했는데, 시골에서는 집안에 컬러텔레비전이 있다는 것이 곧 자식이 성공해 돈을 많이 벌었다는 것을 의미하기도 했다. 컬러텔레비전도 흑백텔레비전과 마찬가지로 상처와 꿈의 이야기를 다 담고 있었다.

1970년대 초 아빠네 마을에는 딱 한 집만이 텔레비전을 보유하고 있었다고 한다. 아빠는 〈타잔〉과 김일 프로레슬링이 너무 보고 싶어서 매일 밤 그 집 담벼락 너머 나무 위에서 텔레비전을 몰래 보곤 했었다고 하셨다. 아빠는 장남인데 장남이 이렇게 매일 밤 남의 담벼락에 몰래 숨어 남의 집 텔레비전을 보는 것이 싫었던 자존심 센 할머니는 없는 살림에도 돈을 모으기 시작해 텔레비전을 사셨다. 아빠는 텔레비전이 집에 처음 들어왔던 날을 잊을 수 없다고 하셨다. 그 후 1980년대 중반 서울에서 직장 생활을 하던 아빠는 명절날 시골에 부모님을 뵈려고 내려오게 되었는데, 선물로 뭘 할까 하다가 자주 고장이 났던 텔레비전이 생각났다. 컬러텔레비전이 나온 지 얼마 안 되었던 시절이라 비쌌지만 처음 부모님과 오래 떨어져 지내온 아빠는 무리해서 컬러텔레비전을 사서 시골에 내려가셨다. 할머니, 할아버지는 힘들게 혼자 서울 살이 하는데 맛있는 음식이나 사 먹지 필요도 없는 텔레비전을 사 왔다고 성을 내셨지만 컬러텔레비전을 신기해하시면서 좋아하셨다고 한다. 정작 아빠는 컬러텔레비전 없이 지내시다가 1988년에 낚시터 경품으로 받았다고 한다.

(김달이 씨 아버지 인터뷰, 충청북도 보은군)

정치는 정치대로, 경제는 경제대로, 일상은 일상대로 나름의 의미에서 더 나은 내일을 위해 분주하던 때였다. 1960년대를 거쳐 1970년대로 가면서 국토 개발, 경제개발과 함께 텔레비전은 급속도로 보급되었다. 그 당시 텔레비전에서는 "새벽종이 울렸네, 새 아침이 밝았네, 너도나도 일어나 새 나라를 만드세"가 울려 퍼졌다.

동양방송은 1965년에 1기 탤런트(김세윤, 윤소정, 선우용여 등 10명)를 공채한 것을 시작으로 총 23회의 공채를 통해 많은 드라마 스타를 낳았다. 그

후 동양방송은 언론 통폐합 조치에 따라 1980년 11월 말 고별 방송을 해야 했고 KBS 2TV로 편입되었다. MBC도 공영화되면서 10여 년간 민영 텔레비전 방송은 사라졌다. 민영방송 SBS가 개국한 것은 그로부터 한참이 지난 뒤, 언론 통폐합(1980년)의 시대도 끝나고, 대통령 선출 방식이 직선제로 바뀌고(1987년), 서울 올림픽도 끝나고(1988년), 대학가의 반정부 저항 운동도 잦아든 1991년이었다. 이어서 1995년에는 케이블방송이 시작되어 본격적인 다채널 방송 시대로 접어들었다.

정치는 어김없이 미디어 기술과 체계를 훑고 지나갔고, 새로운 미디어 기술과 체계는 다음 시대를 향해 달려가고 있었다. 또한 그 기저에는 평범한 이용자들의 더 나은 미래를 향한 욕망과 이야기가 흐르고 있었다. 미디어 기술의 도입을 결정하는 정책 주체나 산업 주체, 그리고 그것을 채택하고 수용하는 주체인 이용자들 모두 새로운 미디어 기술을 통해서 더 나은 내일, A Better Tomorrow를 꿈꿨다. 하지만 서로 다른 내일을 꿈꿨다.

02
김일과 〈아씨〉

흑백텔레비전에 대한 오인아 씨 가족의 기억은 1968년 이웃집 텔레비전으로 프로레슬링을 시청한 것에서 시작했다. 오인아 씨 가족뿐 아니라 대개의 인터뷰 응답자들이 1960년대 프로레슬링을 말할 때 반드시 끄집어내는 인물은 역도산과 김일이었다. 1970년대 프로복싱에서는 홍수환, 축구에서는 차범근을 기억했다.

아버지   1968년 열 살 때 텔레비전을 처음 접했지. 이웃에 어떤 분이 월남전에 참전해 돈을 많이 벌어서 미제인지, 일제인지 기억은 안 나지만 텔레비전이 있었어. 저녁때면 그 형 집에 일렬로 줄을 쫙 서 있었어. 레슬링이었지. 레슬링 인기는 정말 대단했어. 김일, 역도산, 참 대단했지. 그리고 권투도 봤지.

(오인아 씨 가족 인터뷰)

이 한 사례뿐 아니라 여러 인터뷰 응답자들의 기억 속에서 역도산, 김일, 홍수환은 흑백텔레비전 속의 스포츠 스타 상으로 뚜렷이 남아 있었지만 사건의 실재성과 기억으로 떠올린 시간에 상당한 오류가 있는 듯했다. 오인아 씨 가족의 기억 속에 등장한 1968년 프로레슬링 중계에는, 자료 화면이라면 몰라도 역도산의 경기가 나왔을 리가 없다. 역도산이 일본에서 프로레슬러로 활동한 주된 시기는 1950년대부터 사망 시점인 1963년 12월 15일까지로, 1968년은 이미 그의 사후이다. 오인아 씨의 아버지가 기억하는 텔레비전으로 본 역도산의 경기는 아마 텔레비전을 구매하기 이전에, 실은 1963년 12월 역도산 사망 이전에 어디선가 AFKN-TV 방송으로 시청했던 기억과 텔레비전 구매 이후의 김일 레슬링 경기 중계가 혼재되어 있는 것 같다. 1950년대 후반과 1960년대 초 국내에서도 AFKN-TV나 부산 지역에서 잡히는 일본 텔레비전 방송 등을 통해서 역도산의 경기를 시청할 수 있었다. 1963년 국내의 흑백텔레비전 보유 대수가 3만 4774대였던 점을 감안할 때 많은 인터뷰 응답자들이 역도산의 경기를 텔레비전으로 본 것을 기억하고 있다는 점은 놀라운 일이 아닐 수 없다. 초창기 텔레비전 방송을 서울 중심가에 설치된 텔레비전이나, 만화방, 전파상, 이웃집 등에 설치된 텔레비전을 통해서 공동 시청한 결과로 볼 수 있다.

역도산은 한국인들 못지않게 일본인들에게도 매우 특별한 존재다. 야마모토 코우시山本甲士의 소설 『3번가의 석양三丁目の夕日』은 1958년 도쿄 타워가 완공되던 시절의 일본 도쿄를 배경으로 한 소설인데,[3] 일본인들의 기억 속에 역도산이 흑백텔레비전의 도입과 함께 뚜렷이 남아 있음을 보여주었다. 역도산은 1950년대와 1960년대 초에 미국인 프로레슬러들을 넘어뜨려서 제2차 세계대전의 패전으로 서양에 주눅 든 일본인들의 마음을 펴주었기 때문에, 일본 국민들은 그에게 열광했다. 역도산의 경기 중계는 일본 텔레비전 보급에 이바지한 바가 크다. 일본인들의 기억 속에 흑백텔레비전과 역도산은 한데 묶여 자리 잡고 있다. 1953년에 개국한 지상파 방송인 니혼TV는 1954년 2월부터 프로레슬링을 중계했고, 1963년에는 역도산의 경기를 중계해 64%의 시청률을 올리기도 했다. 1980년대부터 프로레슬링의 인기가 시들해져서 시청률이 2%까지 떨어지자 니혼TV는 2009년 3월 프로레슬링 중계를 중단한다고 발표해 격세지감을 느끼게 했다(≪노컷뉴스≫, 2009.2.24).

역도산이 1950년대 후반 일본에 텔레비전 보급을 활성화시켰듯이, 역도산 사후인 1965년에 일본에서 한국으로 건너온 김일을 중심으로 전성기를 맞은 국내 프로레슬링도 국내 흑백텔레비전의 보급을 활성화시켰다.

WBA 슈퍼밴텀급 타이틀 결정전에서 홍수환이 2회에서 4번 다운된 뒤,

---

3   사이간 료헤이의 만화가 원작으로 2005년에 영화화되기도 했다(야마모토 코우시, 2007).

3회에 헥토르 카라스키야를 KO로 이겨 '4전 5기'란 말을 유행시키며 전 국민을 흥분시켰던 1977년 11월 26일의 일을 기억하는 응답자가 많았는데, 그때 이미 텔레비전의 보급률은 54.3%에 달했다. 물론 1977년도 흑백텔레비전의 시대이기는 했지만 흑백텔레비전의 도입과 홍수환, 차범근을 연계시키기에는 다소 무리가 있어 보인다. 그렇게 보면 흑백텔레비전의 도입기와 가장 직접적으로 연결 지어볼 수 있는 스포츠 프로그램은 1960년대와 1970년대 한국인들을 가장 열광시켰던 김일 프로레슬링 경기였다.

1961년에 개국한 KBS는 스포츠, 오락, 드라마 등의 프로그램을 통해서 시청자들의 시선을 잡기 위해 안간힘을 썼다. 텔레비전으로 한일 레슬링을 보려고 만화방에 너무 많은 사람이 모여 사고가 있었다는 기사가 실렸을 정도로(≪동아일보≫, 1964.5.24), 당시 한일 프로레슬링 경기는 이미 인기리에 중계방송되었다. 1964년 12월 7일 서울에서 개국한 민간방송인 동양방송이 텔레비전 방송(TBC-TV)을 시작하면서 채널 간 경쟁이 시작되었고 오락적 성격은 더욱 강화되어갔다. 1965년부터는 일본에서 귀국한 김일이 일본 선수들을 초청한 경기에서 박치기로 승리를 보여줘서 국내 시청자들을 더욱 흥분시켰다. 방송국 입장에서도 텔레비전 방송의 초창기에 이처럼 시청자를 모아줄 수 있는 프로그램을 찾기는 쉽지 않았다.

어머니　　그때 막 TV에서 김일 선수, 레슬링이 엄청 유행했고 권투도 유행했지. 김일 선수가 일본 선수를 다 물리치고 그러니까, 그거 응원하고 그랬지.

(김경희 씨 가족 인터뷰)

아버지　　역도산, 김일, 차범근이 한창 날렸지. 김일이 박치기로 일본 선수를 넘어뜨리면 박수 치고 난리 났지. 그때는 그게 쇼하는지도 모르고. 지금은 그러면 아무도 안 보지.

(김형이 씨 가족 인터뷰)

김경희 씨와 김형이 씨 가족의 진술에서 보듯이, 기억 속에서 흑백텔레비전의 도입기를 스포츠와 연관시킨 이들은 단순히 스포츠 스타의 이름을 떠올리는 것으로 끝나지 않고, 당시 국제 스포츠에서 우리 국민들 마음속의 적국이었던 일본을 함께 떠올렸다. 일본과의 관련성 없이 역도산, 김일, 차범근 등의 이름을 말하는 것은 그 당시 한국 텔레비전 시청자에게 아무 의미가 없었다고 해도 과언이 아니었다. 김일은 한국 무대에서 박치기로 안토니오 이노키 같은 일본 선수들을 넘어뜨려서 한국인들을 열광의 도가니에 빠뜨렸다. 김일 현상은 『3번가의 석양』에서 본 역도산 현상과 다르지 않다. 일본인들은 1950년대 역도산을 통해서 미국에 항복하면서 상했던 일본의 자존심 회복을 꿈꿨다. 마찬가지로 한국인들은 김일, 그것도 한국인 역도산의 제자인 김일을 통해서 일본에게 짓밟혔던 자존심의 회복을 꿈꿨다. 따라서 김일 이야기는 일본인들이 1950년대 말에 흑백텔레비전과 역도산을 연계시킨 이야기와 조금도 다르지 않다.

프로레슬링뿐 아니라 1986년 멕시코 월드컵 축구와 같은 경우를 보더라도 스포츠는 민족의식, 애국심 등과 분리되지 않았다. 스포츠는 미디어 없이 그 자체로 이벤트일 수 있지만 텔레비전을 통해 국제경기를 집단적으로 시청하는 것은 사람들 간에 집단의식을 형성했다. 스포츠의 집단 시청은 비단 텔레비전이 귀했던 시대에만 이뤄진 것이 아니었다. 2002년 월드컵이 열릴 당시 서울 시청 광장 등은 경기의 집단 시청, 집단 응원의 문화를 다시 불러일으켰고, 그러한 현상은 이후의 한일 축구전, 올림픽 경기 등에서도 계속 이어졌다.

고모 흑백은 얼마 안 봤지, 근데?

엄마 홍수환 선수가 권투해가지고. 1979년도인가?[4] 오빠가 그때 권투 본다고 티브이 사 온 거였는데.

(김시연 씨 가족 인터뷰)

컬러텔레비전이 1981년에 도입되었으니 작심하고 1977년 11월에 흑백텔레비전을 산 것이 막차를 탄 꼴이 되었다는 이야기이다. 1977년 텔레비전 보급률(54.3%)을 고려하면 김시연 씨 가족은 한국 전체를 기준으로 봤을 때 그다지 늦게 흑백텔레비전을 도입한 것은 아니지만 서울을 중심으로 보면 상당히 늦은 것으로 볼 수 있다. 그 가족은 이내 컬러텔레비전으로 교체했다고 진술했다.

1970년대에는 프로레슬링 경기가, 1970년대에서 1980년대 중반에는 프로복싱 세계 챔피언 경기가 토요일이나 일요일 늦은 오후 시간대에 가장 인기 있는 프로그램이었다. 그런 스포츠 경기가 편성되는 날에는 드라마는 물론이고 뉴스 편성 시간까지 몇십 분 밀리기도 했다. 그 시절 토, 일

---

4 실제 경기 일자는 1977년 11월 26일이다.

요일 4~5시경에는 어린이 애니메이션을 방송했는데 대개 중요한 경기들은 그 시간과 겹쳤다. 그 시간에 주로 했던 애니메이션으로는 〈마징가 Z〉, 〈로보트 태권 V〉 등이었다. 요즘은 투니버스, 챔프, 재능방송 등의 애니메이션 채널이 많아 애니메이션은 더는 희소한 프로그램이 아니지만 당시에 애니메이션은 하루에 고작 1시간 정도 어린이 방송 시간에 하는 게 전부였다. 스포츠 빅매치들은 그런 프로그램들을 다 제치고 편성되었다.

그런데 1980년대부터 프로레슬링 경기 중계가 사라졌고 이후 복싱 세계 챔피언 경기도 텔레비전 방송에서 사라졌다. 프로레슬링의 김일, 프로복싱의 염동균, 홍수환, 장정구 등의 경기가 요즘의 프로야구 못지않은 인기를 누렸던 시절은 그렇게 경기 중계방송의 중단과 함께 지나갔다.

스포츠와 미디어 채택의 연관성에 관한 이야기는 컬러텔레비전의 도입에도 유사하게 이어졌다. 컬러텔레비전 도입에 대한 인터뷰 응답자들의 기억은 축구와 프로야구 경기를 시청한 경험으로 연결되었다.

아빠   흑백 TV 보다가 짜증 난 적이 있었어. 축구를 보는데, 선수들이 빨간색, 파란색 유니폼을 입은 거야. 그러면 어디가 우리 팀인지 모르지.

삼촌   옛날 사람이 왜 상상력이 좋은지 알아? 해설자는 다 알잖아. 그런데 시청자는 모르는 거야. 상상하면서 보는 거지.

고모   그때는 (티브이가) 미닫이문이 아니었어. 지붕 위에 안테나를 세웠지. 송신탑이 많지도 않고 상태는 안 좋으니까. 고치러 올라갔다가 피뢰침에 감전당해서 죽은 사람도 있고, 떨어져 죽은 사람도 있고.

아빠   집까지 가려면 200개의 계단을 오르느라 힘들었지만 앞에 남산이 있어가지고 정면에서 송신 받아 잘 나왔지.

고모   색도를 잘 맞춰야 했어.

아빠   자동 조절이 다 안 돼서 잘못 맞추면 녹색 인간이 되어버렸지.

고모부 컬러 TV가 1980년도 12월에 처음 나왔어.

아빠   1982년에 프로야구 시작했고.

(김시연 씨 가족 인터뷰)

텔레비전 시청자들은 스포츠 이상으로 드라마에 열광했다. 킬러 콘텐츠killer contents 의 중요성은 예나 지금이나 새로운 미디어 도입에 결정적인 영향을 미쳤는데, 텔레비전 도입의 초창기부터 그 역할을 스포츠와 드라마가 맡아왔다. 스포츠 프로그램은 이벤트성이 강한 반면 드라마는 일상에 깊이 파고들었다. 흑백텔레비전 도입의 기억 속에는 스포츠와 함께 텔레비전 드라마에 대한 부분이 크게 자리 잡고 있다. 차윤지 씨 할아버지가 마을에서 네 번째로 텔레비전을 사들이게 된 결정적인 이유가 드라마 〈아씨〉였다고 차윤지 씨의 아버지는 진술한다.

윤지의 아버지는 1957년 충청남도 아산시 도곡면에서 태어나 어린 시절을 보냈다. 마을 이장 댁에 텔레비전이 있었는데 이장 댁 중학생 아들이 5원씩 받고 〈아톰〉, 김일 레슬링 경기를 보여줬다. 할머니께 이 핑계 저 핑계를 대면서 돈을 받아내곤 했다. 그러던 중 1969년 어느 날 윤지의 할아버지는 텔레비전을 장만하게 되어 마을에서 네 번째로 텔레비전 보유 가정이 되었다. 당시 인기리에 방영 중이던 드라마 〈아씨〉를 놓치지 않기 위해서였다. 부모님의 갑작스러운 텔레비전 구입에 너무 기뻤던 윤지의 아버지는 "그날은 앞으로 부모님께 효도할 것을 다짐하는 계기가 되었지"라고 진술했다.

(차윤지 씨 가족 인터뷰)

〈아씨〉는 임희재, 이철향 극본에 고성원 연출 작품으로 TBC가 1970년 3월 2일부터 1971년 1월 9일까지 총 253편을 방송한 일일 연속극이다. 방송 시간은 평일 오후 9시 40분~10시로, 1910년대에서 1970년대에 이르는 역사의 격동기에 양반 댁으로 시집온 18세 처녀가 72세가 되기까지 복종과 희생의 삶을 산 것을 그린 전형적인 한국 여인상을 다룬 작품이다. 이 작품은 시청률 70%가 넘는 놀라운 기록을 보였으며 이를 계기로 텔레비전 일일 연속극이 자리를 잡게 되었다. 드라마는 어느 시대에나 한국 텔레비전 시청자들의 마음과 시선을 사로잡았다. 드라마에 대한 시청자들의 열광은 사람들의 이야기를 추구하는 본능에 기인한다고밖에 볼 수 없다. 임종수는 〈아씨〉와 〈여로〉 등이 집단으로 시청이 이뤄진 것에 초점을 두고 그 당시 일일 드라마가 민족의식·애국심 고취와 함께 집단 오락의 기능을 했다고 진술했다(임종수, 2004: 107~109). 이런 현상은 스포츠에서와 별반 다르지 않았다. 흑백텔레비전 시청자들에게 텔레비전은 드라마와 스포츠 그 자체였다.

인간의 기본적인 욕망과 꿈에 대한 성찰 없이 미디어 기술도입과 정치 사이에 연결 작대기를 긋는 것은 성급한 일이다. 흑백텔레비전과 컬러텔레비전의 도입을 볼 때 도입된 미디어나 정치적 배경은 달랐지만 새로운 미디어 기술을 도입하는 이용자들의 욕망과 꿈은 다르지 않았다. 이는 새로운 미디어 기술의 도입과 채택 과정을 설명하기 위해서 정치적인 논리의 해석이 제한적으로만 적용되어야 함을 간접적으로 말해준다.

03
컬러로 본 〈주말의 명화〉

언젠가 한 작가와 영화에 대한 이야기를 나누다가 MBC 〈주말의 명화〉를 한 주 내내 기다리다가 보곤 했다는 청소년 시절의 이야기를 꺼낸 걸 보고 그 작가가 보기보다 나이가 꽤 많다는 것을 알게 되었다. 그녀가 MBC 〈주말의 명화〉, 〈새벽의 7인〉, 〈분노의 포도〉, 〈바람과 함께 사라지다〉를 떠올릴 동안 나는 〈셰인〉, 〈장고〉, 〈황야의 무법자〉, 〈OK 목장의 결투〉 등을 떠올렸다. MBC 〈주말의 명화〉는 1969년 8월 9일 〈바렌티노〉(1951년 작)를 시작으로 매주 토요일 밤 10시 30분에 방송되었다. 밤 9시 30분으로 시간이 다소 옮겨지기도 했고 2007년 7월 9일부터 토요일 새벽 1시 10분으로 시간이 옮겨지기도 했지만, 2010년 10월 30일 종방할 때까지 40년 넘게 방송된 프로그램이다.

필자가 흑백텔레비전으로만 보던 서부영화를 컬러로 처음 봤을 때의 감동을 이야기하자, 그녀는 뭔가 떠올렸다는 듯이 흥미로운 이야기를 해주었다. 그녀의 외할아버지는 새로운 전자 제품만 나오면 누구보다도 먼저 사는 편으로 다시 말해 개혁의 초기 채택자로 분류할 수 있는 분이었다. 컬러텔레비전 방송을 시작하기 하루 전날 컬러텔레비전을 샀고 그것을 본 그녀의 아버지도 같은 날 밤에 나가서 컬러텔레비전을 사 왔다는 것이다.

"컬러텔레비전이요? 정말 대단했어요. 그 당시 사람들이 왜 그리 컬러텔레비전에 열광하면서 일시에 텔레비전을 바꿨는지 아직도 이해가 안 돼요."

그랬다. 1980년대 말, 정말 급속도로 컬러텔레비전이라는 개혁이 성공적으로 채택되었다. 필자가 이 개혁이 성공적으로 안착했다고 보는 데에는 그럴 만한 개인적 지표를 갖고 있기 때문이다. 그것은 다름 아닌 흑백텔레비전을 KBS 개국 후 16년 뒤에나 구입했던 우리 집이 컬러텔레비전이 개시되고 7~8개월 내에 구입했다는 점이다. 놀라운 일이 아닐 수 없었다. 컬러텔레비전이 배달되어 올 것이라는 아버지의 이야기를 듣고 우리 집에 어떻게 이런 일이 있을 수 있는지 의아했던 기억이 난다. 나중에 들은 이야기지만 당시에 필자의 누나들 중 한 명이 가톨릭교회의 수녀가 되겠다고 고집을 부려, 부모님은 이런저런 방법으로 설득했지만 아무 설득도 먹혀들지 않았다고 한다. 그러자 지푸라기라도 잡는 심정으로 컬러텔레비전으로 수녀가 되려는 딸의 시선을 잡아보려 했다. 컬러텔레비전으로 세속의 아름다움을 보여주려고 했던 것은 아닐까. 시간이 흘러 누나는 수녀가 되려는 꿈을 접었다. 딱히 컬러텔레비전 때문은 아니었겠지만 컬러텔레비전은 흑백의 세계에 살던 사람들의 시선을 잡아두기에 충분했다.

한국의 컬러텔레비전 채택 과정이 일반적인 개혁의 채택 속도와 분명한 차이가 있었다는 점에 주목해야 한다. KBS 텔레비전 방송 개시(1961년)를 기준으로 보더라도 흑백텔레비전이 80% 보급되는 데 19년이 걸렸다. 전 국민의 80%에게 이동전화가 보급된 시기는 2005년으로, 한국이동통신서비스(SKT의 전신)가 1984년 설립되어 차량용 전화 서비스를 제공한 시점을 기준으로 볼 때, 21년이 지난 뒤이다. 또 차량용을 벗어나 실질적인

표 2-1	연도별 컬러텔레비전 수상기 등록 추이				
연도	연말 등록 대수		전년 대비 증감	연도	연말 등록 대수	전년 대비 증감

연도	연말 등록 대수		전년 대비 증감	연도	연말 등록 대수	전년 대비 증감
1984	흑백	3,498,374	1,104,672	1996	15,258,386	741,700
	컬러	4,178,730	997,562	1997	15,746,180	487,794
1985	흑백	등록 폐지		1998	16,421,422	675,242
	컬러	4,773,993	595,263	1999	16,896,422	474,978
1986		4,925,413	151,420	2000	17,174,396	277,996
1987		5,390,075	464,662	2001	17,709,432	535,036
1988		6,019,131	629,056	2002	18,365,221	655,789
1989		6,384,984	365,853	2003	18,975,642	610,421
1990		7,438,423	1,053,439	2004	19,485,829	510,187
1991		8,344,420	905,997	2005	19,859,000	373,171
1992		9,181,053	836,633	2006	20,093,683	234,683
1993		10,696,426	1,515,373	2007	20,441,732	348,049
1994		14,408,012	3,711,586	2008	20,739,544	297,812
1995		14,516,686	108,674	2009	21,131,182	391,638

자료: 방송통신위원회, 「2010년 방송산업실태조사 보고서」(2011).

이동전화 서비스가 제공된 1988년을 기점으로 보면 17년이 지난 뒤이고 CDMA 디지털 이동통신 서비스가 상용화된 1996년을 기점으로 보아도 10년이 지난 뒤이다.

이에 비해 컬러텔레비전의 보급은 훨씬 빠른 속도로 진행되었다. 한국 갤럽의 1992년 조사 결과를 보면, 한국 전체 가구의 텔레비전 보급률은 99.2%에 달하며, 컬러텔레비전의 보급률은 도입된 지 불과 11년 만에 94.9%에 이르렀다. 가구당 보유한 텔레비전 대수는 1.3대이며 2대 이상 보유한 가구도 29.32%나 되었다.[5]

컬러 방송을 시작한 지 열흘 만에 컬러텔레비전 수상기는 품귀 현상을 보였다.[6] 컬러텔레비전 수상기의 판매는 1980년 8월 1일에 개시되었으며 같은 해 12월 1일에 컬러텔레비전 방송이 본격적으로 시작되었다. 실은 1977년부터 국내에서 수출용 컬러텔레비전이 생산되고 있었지만 박정희 대통령의 반대로 본격적인 컬러텔레비전 방송은 도입이 지연되고 있었다. 그리고 1984년에는 컬러텔레비전의 등록 대수가 흑백텔레비전의 등록 대수를 앞질렀고, 1985년에는 흑백텔레비전의 등록이 아예 폐지되었다.

04
캔디마을

PC가 도입되고 인터넷이 본격적으로 도입되기까지 1990년대에 PC 통신의 붐이 일었다. PC 통신은 PC와 전화회선을 이용해 호스트에 축적된 정보를 이용하고 회원 간에 커뮤니케이션을 할 수 있는 서비스이다. PC 통신을 통해 연령대별, 지역별, 직종별, 취미별 동호회나 채팅방이 활성화되었고 온라인상에서 텍스트 대화를 통해 진행하는 머드 게임이 유행했다. KT의 하이텔(1991년 12월 서비스 개시), 나우누리(1994년 10월 서비스 개시), 데이콤의 천리안(1995년 9월 서비스 개시) 등이 주요 PC 통신 서비스였다.

　PC 통신에 심취해 있던 1990년대의 10대, 20대들은 2010년대 중반인

5　http://www.gallup.co.kr

6　http://db.history.go.kr

현재 30대 초반, 40대 중반이 되었다. 채팅, 팬클럽, 머드 게임에 심취해서 밤잠을 설치고 전화 요금 폭탄을 맞아 혼쭐이 나기도 했던 경험을 공유하는 세대이다. 동호회 회원들은 오프라인에서 모임을 갖기도 하면서 유대를 굳혔고 누군가 갑자기 오프라인에서 만나자고 제안해 모임을 갖기도 했다. 이것을 의미하는 '번개'라는 말이 생겨난 것도 그때부터이다. 특히 유명 가수의 팬클럽 활동은 PC 통신의 팬클럽 동호회를 통해서 새로운 양상을 보이기 시작했다.

HOT에 푹 빠지면서 PC 통신을 많이 했었지. 그때 HOT의 인기는 엄청났기 때문에 대부분의 친구들이 다 HOT 팬이었어. 학교에서 한 90%는 HOT 팬이라고 해도 과언이 아니었지. 유니텔에서는 '캔디마을'이라고 하는 온라인 팬클럽이 엄청 유명했어. 그 팬클럽에 가입하고 까다로운 등업[7] 절차들도 따로 만들어져서 그곳에 들어가긴 나름 힘들었어. 진짜 적극적이지 않으며 활동을 못했지. 그곳에서 팬들끼리 정보도 공유하고 친목도 다지면서 시간 가는 줄 몰랐던 것 같아. 캔디마을에 한번 들어가려고 모뎀을 연결하면 전화 요금이 많이 나온다고 엄마한테 욕먹었던 기억이 나. 아예 선을 끊어버린다고 난리가 나서 앞으로는 절대 그렇게 쓰지 않겠다고 싹싹 빌고 빌어 겨우 넘어갔었지.

(최완희 씨 가족 인터뷰)

---

7   PC 통신 동호회에서는 참여도와 기여도에 기초해 정보에 대한 회원의 접근 등급을 나누었는데, 그 등급을 올리는 것(등급 up)을 말한다.

이선정 씨 가족의 PC 통신에 관한 인터뷰에서도 HOT 팬클럽 회원들과 채팅한 경험이 나왔는데, 그중에는 팬클럽 회원들과 콘서트에 갔다가 사진을 찍어 몇백 원씩 받고 친구들한테 팔았다는 이야기도 있었다. 2012년에는 이 시대의 추억을 자극하는 tvN의 드라마 〈응답하라 1997〉이 방영되기도 했는데 이는 30~40대 소비층의 향수를 자극해 시선을 잡기 위한 전략으로 볼 수 있다.

1990년대 후반은 HOT의 히트곡 「캔디」와 힙합이 주름잡던 시대였다. 그 시대에 PC 통신이 있었고 거기에는 '캔디마을'의 기억이 자리 잡고 있었다. 1990년대 PC 통신 세대에게 PC 통신은 그런 이야기와 함께 남아 있는 기억이었고 과거의 향수를 불러일으키는 미디어 서비스였다.

50대 이상이 흑백텔레비전과 컬러텔레비전의 이야기를 '김일'과 〈아씨〉로 함축시켜 기억 속에서 끄집어냈듯이 30대 초반, 40대 중반은 '유니텔의 캔디마을', '천리안 식도락 동호회', '단군의 땅',[8] '퇴마요새',[9] 'SF 1999',[10] '바람의 나라'[11]의 기억을 말했다.

---

8 카이스트 재학·졸업생들로 구성된 마리텔레콤에서 만든 머드 게임으로, 1994년 나우컴을 통해서 국내 최초로 서비스되었다.

9 젠아이소프트가 개발해 1995년부터 서비스를 시작했다.

10 카이스트 재학·졸업생들로 출발한 ST온라인이 개발해 1996년부터 서비스되었다.

11 넥슨이 1996년에 PC 통신용으로 내놓은 게임으로, 1997년 10월부터 상용화되어 같은 해 전체 온라인 시장의 15%에 달하는 4억 원의 매출을 올렸다(≪매일경제≫, 2001.10.31).

기술, 그것은 욕망의 은유

욕망의 은유

기술은 '텔레비전 세대', '인터넷 세대' 등과 같이 삶의 방식을 표현하는 은유로 사용되기도 한다(Schement, 1989: 29~50). 그뿐이 아니다. 지금까지 인류의 역사를 거시적으로 구분할 때 석기시대, 토기시대, 청동기시대, 철기시대 등과 같이 주로 기술을 중심으로 시대를 구분했다. 이처럼 한 시대의 대표적인 기술은 그 시대의 이름으로 사용되곤 했다. 기술적 은유에 따른 시대구분은 거시적 시대구분의 전형적인 방식이다. 그러나 기술의 은유는 한 시대가 세상에 내놓은 매우 많은 과학기술을 대표하기에는 충분하지 않다. 앞서 보았듯이 기술은 물질로서만 존재한 것이 아니라, 그것을 도입하고 이용한 사회의 정치·사회·문화·경제·법 제도 등을 씨줄과 날줄로 엮는 축이 되었다(임정수, 2004).

기술은 창조될 때에 한 명의 천재에 의해서 만들어지는 것이 아니라 다양한 사회적 체계 속에서 창조되고 수정되면서 발전된다. 한 명의 천재는 과학적 원리와 기술 발전에 도약의 계기를 마련할 수는 있지만 한 사람의 능력으로 사회에 유익한 기술의 완성을 이뤄낼 수는 없다. 기술의 발전과 도입 과정에는 개개인의 욕망이 반영된다. 때로 그러한 개개인의 욕망은 제각각의 양상을 띠기도 하고 때로는 집단적인 형태를 띠기도 한다. 적어도 사회 구성원 다수의 욕망을 충족시킬 때 그 기술은 사회적으로 채택되고 확산될 수 있다. 따라서 생존한 기술은 그것을 개발한 사람의 이름과 함께 기억되지만, 인간 욕망의 집합적 결정체라고 볼 수 있는 것이다.

엔지니어들과 발명가들은 기술을 통해 더 나은 내일을 꿈꾸었고 그들의 상상은 기술 문외한들을 설레게 만들었다. 마티아스 호르크스Matthias Horx의 2009년 저서인『테크놀로지의 종말: 인간은 똑똑한 기계를 원하지 않는다Technolution wie unsere Zukunft sich entwickelt』에 보면 1828년과 1877년의 그림이 소개되어 있는데 실로 충격이 아닐 수 없다(호르크스, 2009: 47). 1828년 그림에는 병풍 같은 멀티스크린을 설치해두고 성탄절에 멀리 있는 할머니와 화상전화를 하는 여인이 등장한다. 1877년 그림에는 노천카페에서 한껏 멋을 내고 차려입은 두 여인이 한 손에는 담배를, 다른 한 손에는 화상통화가 되는 ─ 휴대전화같이 생긴 ─ 전화기를 들고 각자 다른 사람들과 통화를 하고 있다. 참으로 놀라운 상상이 아닐 수 없다. 1870년대에 전화가 공식적으로 개통되었으니, 전화하는 행위가 그려진 것이 그리 놀라운 일은 아니다. 하지만 전화가 등장하자마자 이미 인간의 상상력은 목소리에만 만족하지 않고, 화상전화로 옮아갔다는 것이다. 호르크스는 저서에서 1800년대 후반~1900년대 초반에 이르는 시기에 대화방, 화상 강의, 의상을 골라주는 전자 판매원, 원거리 에로방 등 화상전화를 상상한 그림이 유독 많이 나타났다고 했다(호르크스, 2009: 48). 사실상 그러한 상상들은 화상회의, 화상 강의, 홈쇼핑, 폰섹스 산업 등 거의 상상 그대로의 모습으로 오늘날 현실화되었다. 물론 기술적 실현이 대중적 성공을 의미하는 것은 아니었다.

정말로 놀라운 일은 기술에 대한 인간의 꿈이 단지 기술의 진보에만 관련된 것이 아니라 그것이 초래할 문화까지도 상상 속에서 구성해냈다는 점이다. 호르크스는 이를 두고 "새로운 기술이 일상에서 성공적으로 자리 잡고 나면 그다음에는 인간의 상상력이 그곳에 투영된다"고 했다. 그림 속에서 노천카페에 앉아 각자 화상전화를 하는 두 여인은 한자리에 앉아서 음료수를 마시지만, 정작 커뮤니케이션은 각자 전화 속의 인물들과 한다. 이러한 모습은 스마트 폰을 사용하는 오늘날의 커뮤니케이션 문화와 아주 흡사하다. 언젠가부터 사람들은 공적인 자리에 모여도 물리적인 공간에 모인 사람들과 함께 대화를 나누기보다는 각자의 스마트 폰으로 물리적으로 떨어진 다른 누군가와 대화를 나누거나 각자 원하는 애플리케이션을 이용해 정보 또는 오락을 즐긴다.

호르크스는 기술이 동시대인들의 '미래'가 아니라 동시대인들의 '이야기'임을 이해해야 한다는 의미심장한 말을 했다. 인간이 기술에 대한 상상을 통해서 소망을 이야기한다고 보는 것이다. 때로 기술이 제시한 비전이나 인간의 상상이 그대로 실현되기도 하지만, 많은 경우 실제와 상상 간에 넓은 괴리의 강이 흐른다.

서설에서 언급했듯 '내 손안의 TV'를 슬로건으로 내걸었던 위성 DMB는 문자 그대로의 '텔레비전'을 이용자들의 손에 쥐어주려다 실패했다. 사람들의 꿈과 상상은 위성 DMB 사업자들이나 정책 관계자들의 꿈과 상상을 훨씬 넘어서 텔레비전이 제공하는 서비스 이상의 그 무엇에까지 향하고 있었다. 이러한 괴리는 결국 위성 DMB의 실패를 초래했고 스마트 미디어를 접하고 나서야 그 괴리가 무엇인지 깨닫게 되었다. 사람들이 원하는 것은 집에 놓여 있는 텔레비전을 조그맣게 축소시켜 손에 들고 다니는 것이 아니라 원하는 콘텐츠를 원하는 시간과 장소에서, 원하는 방식으로 이용하는 것이었다. 그것은 얼핏 보기에 아주 사소한 차이 같지만 사람들이 텔레비전을 안방에서 거실로 꺼내고, 다시 거실에서 길거리로 꺼내는 데에는 긴 시간이 흘러야 했다. 그동안 숱한 실패도 있었고 많은 단계의 개념적인 도약이 필요했다.

인간의 상상은 꿈, 환상, 두려움, 욕구 등을 반영하기에 기술에 대한 상상은 시를 닮았다. 기술의 상상은 은유를 통해서 표현된다. 흑백텔레비전이 전 국민의 안방에 놓이게 된 것은 흑백텔레비전이 만들어내는 스포츠와 드라마의 인간 이야기, 텔레비전을 가진 이웃과의 관계에서 '꿀리고 싶지 않았던' 심술과 자존심의 이야기, 몰래 나무 위에서 담장 너머 이장님 텔레비전을 보다가 다치기도 한 설움의 이야기 덕분이다. '안방극장', '내 손 안의 TV', '홈 네트워크', '유비쿼터스', '스마트 TV' …… 이러한 미디어 기술의 PR 표현들은 잘 기획된 은유로 이뤄져 있다. 그 은유는 단지 미디어 기술의 외형적 형태나 기능을 표현하는 데 그치지 않고 인간의 욕구를 자극하고 환상이 실현되는 듯한 착각을 불러일으킨다.

안방극장에 없는 것들

'안방극장'이라는 표현은 극장을 안방에 옮겨놓은 듯이 동영상 뉴스와 오락을 집 안에서 이용할 수 있다는 텔레비전의 기능적 특징을 보여준다. 또한 텔레비전은 미국의 서부영화나 고전 영화들을 편성해 극장에 가서 티켓을 사지 않고도 안방에서 무료로 보고 싶었던 영화들을 마음껏 볼 수 있다는 기대를 사람들에게 불어넣었다.

텔레비전이 나온 뒤에도 영화관이 사라지지 않은 것은 말할 것도 없고 수용자도 극장에 가는 대신 텔레비전 앞에 앉아 있지는 않았다. 극장에 '신기한 동영상 기술'을 구경하러 간다면 텔레비전이 극장 관람을 대체할 수 있을지 몰라도, 극장에 영화를 보러 간다는 행위는 그런 것이 아니었다. 극장에서 영화를 관람한다는 것은 연인 또는 친구와 약속을 하고 매표소에서 표를 사서 기다리고, 팝콘이나 나초를 사 먹으면서 깜깜한 공간에서 큰 스크린에 다 함께 집중하며 영화를 보는 그 모든 행위를 다 포함한다. 다시 말해 '안방극장'이라는 텔레비전이 극장에서의 영화 감상을 대체할 수 있는 부분은 '동영상 보기'뿐이며, 안방극장에서 텔레비전을 보는 것은 극장에서의 영화 감상 행위와 관계된 그 나머지 대부분을 포기하는 일이라고 봐야 한다. 기존에 극장에서 영화를 즐겨보던 사람들 중 안방극장 때문에 극장에 가기를 포기한 사람들이 얼마나 되었을까? 물론 텔레비전의 등장은 영화 관객의 감소를 초래해 영화 산업을 한때 어렵게 만들기도 했지만 사람들은 텔레비전으로 극장에서 느끼는 영화 감상의 즐거움을 다 얻지는 못했다.

텔레비전을 '안방극장'이라고 부르는 것은 텔레비전을 극장이라는 은유로 표현한 것으로, 텔레비전이라는 미디어 기술에 대해 인간이 갖는 욕망과 상상을 '이야기한' 것이라고 볼 수 있다. 그 욕망과 상상의 이야기는 쥘 베른Jules Verne 의 『해저 이만리Vingt mille lieues sous les mers 』에 있는 바닷속 잃어버린 도시에 대한 상상이나 『피터팬Peter Pan 』의 네버랜드와 다르지 않다. 애초에 영화관을 텔레비전으로 옮겨오지 못했으며 텔레비전도 영화관이 될 수 없었다. 그러니까 안방극장에는 극장에 있는 것들이 대체로 없었다.

뉴미디어 드림(new media dream)

뉴미디어에 대한 사람들의 인식과 관심은 기술의 발전과 함께 시작되는 것이 아니라 기술이 몰고 오는 꿈·이야기와 함께 왔다가 사라진다. 21세기에 접어들어 디지털 미디어 기술이 획기적으로 발전하면서 숱한 개념들이 유행했다. 그중에서 몇 가지를 보면 컨버전스, 홈 네트워크, 유비쿼터스, 스마트, 클라우드, N스크린 등이 있다. 2000년대 초반에 유행하던 홈 네트워크와 유비쿼터스는 완전하게 실현되지는 않았고, 한때의 유행이 지나자 아무도 그러한 용어를 들먹이지 않았다. 2011년에 그런 말을 사용하면 뭔가 트렌드를 쫓지 못하는 낙오자로 보일 수 있다. 2011년이나 2012년이라면 유비쿼터스가 아니라 스마트나 N스크린을 말해야 할 것이다. 2013년이라면 빅데이터 정도는 이야기해야 한다. 뉴미디어 드림은 그렇게 왔다가 가고 또 새로운 드림이 등장했다.

홈 네트워크라는 말이 나오기 시작한 것은 10년도 넘었지만 설명하려고 들면 딱히 뭐라고 이야기해야 할까 막막해지는 개념이다. 『시사경제용어사전』은 '홈 네트워크'를 다음과 같이 정의했다.

가정에서 쓰이는 모든 전기·전자 제품이 유무선 시스템 하나로 연결되어 쌍방향 통신이 가능한 미래형 가정 시스템을 말한다. 단순히 가정 기기를 원격 조종하는 기능(홈 오토메이션)뿐 아니라 가전제품끼리 데이터 송수신을 통해 정보 교류, 모니터링, 보안에 이르는 첨단 기능을 자동으로 조절 제어한다. 공유기(게이트웨이)를 통해 이용자는 집 밖에서 컴퓨터나 PDA, 휴대전화로 가스나 전자 제품을 끄고 켤 수 있을 뿐만 아니라 교육·영화·게임 등 멀티미디어 콘텐츠를 TV를 통해 접할 수 있다. 또한 침입 탐지 센서와 주방 TV 폰 등을 통해 집 안 보안 상태를 확인하고 비상시 경찰 등에 연락할 수 있다. 홈 네트워크는 용도에 따라 컴퓨터를 중심으로 집 안 정보통신기기를 엮어 주는 데이터 네트워크, TV와 오디오 등을 한데 엮는 A/V 네트워크, 백색가전 을 위시한 가전 기기들의 정보 가전 네트워크, 방범/방재 및 냉난방 가스 제 어 등 제어를 위한 제어 네트워크로 구분할 수 있다. 또한 Ethernet, PLC, IEEE 1394, 홈 PNA 등과 같은 유선 기술과 IEEE 802.11 WLAN, IEEE 802.15 WPAN, UWB와 같은 무선 기술, UPnP, HAVI, JINI, HNCP(Home Network Control Protocol) 등 홈 네트워크 제어 미들웨어, 그리고 이들을 기반으로 한 게임이나 영화에 이르기까지 홈 네트워크는 각종 서비스 기술 등이 총동원되어 장차 커다란 시장이 형성될 수 있는 미래 신성장 동력 산업 이다.[12]

전자공학에 대한 기초적인 이해가 없는 일반인들이 이 개념 정의를 어 떻게 이해할 수 있을까? 일단 용어부터 아는 말 반, 모르는 말 반으로 구성 되어 있다. 그런데 이 난해한 개념을 모든 사람들이 단박에 알아듣게 해버 린 것은 2003년 11월부터 방송된 LG 자이의 텔레비전 광고 시리즈였다. 이 광고에서 배우 이영애는 "남들에게는 꿈이지만 자이에게는 생활입니 다"라며 시청자들의 시선을 사로잡았다. 배우 이영애가 요점을 콕 찍어주 니 교육 수준, 전공, 직업, 노소 상관없이 그 광고의 시청자들은 홈 네트워

---

12   기획재정부, 『시사경제용어사전』(2010.11).

크가 무엇인지 단박에 알아차렸다. 이 아파트는 온도, 조명을 자동으로 컨트롤할 수 있는 시스템은 물론 방범, 방문자 기록 등 홈 시큐리티 시스템, 정보 가전 등 첨단 시스템을 휴대전화로 원격에서 제어할 수 있는 서비스를 제공한다고 광고했다.

배우 이영애가 출연한 LG 자이의 광고를 보면 가스레인지에 불을 켜놓고 나와서 외부에서 집으로 전화를 걸어 원격으로 가스레인지를 끄는 장면이 나온다. 또 다른 버전의 광고에는 집으로 돌아와 벨을 누르는 자녀의 모습이 집 앞 현관에 설치된 디지털 카메라를 통해서 외부에 있는 부모의 휴대전화로 전송되는 장면이 나온다. 그리고 이를 확인한 부모가 휴대전화를 이용해 문을 열어준다. 이 광고는 홈 네트워크가 어떻게 구현되는지를 가시적으로 보여줘서, 홈 네트워크가 제공하는 삶의 편리함을 누리고 생활의 통제력을 갖는 것이 단지 꿈이 아니라, 그것을 제공하는 아파트에 입주함으로써 누리게 되는 것이라고 이야기한다.

2011년과 2012년 즈음에는 다소의 논란을 뒤로하고 '스마트'라는 용어가 휴대전화를 넘어서 텔레비전으로 무사히 전이되었고 클라우드 컴퓨팅과 N스크린 개념이 주목을 받았다. 2011년 봄 학기에는 디지털 미디어 관련 수업에서 학생들에게 클라우드 컴퓨팅과 N스크린을 설명해줄 필요가 있었는데 설명을 하다 보니 '유비쿼터스'를 설명할 때와 별반 다르지 않았다. 결국은 다른 네트워크 간에 호환이 이뤄져 언제, 어디서나 원하는 콘텐츠를 이용할 수 있게 된다는 것이다. 그런데도 2010년 이후 방송 기술·정책 세미나에서 '유비쿼터스'라는 말을 들어본 기억이 별로 없다. 모두가 클라우드니 N스크린이니 하는 용어들을 들뜬 어조로 사용했다. 누구도 군이

'유비쿼터스'라는 말을 사용해 정보에 뒤처지는 듯한 인상을 주고 싶어 하지 않았다. 그러다 보니 이러한 뉴미디어 신종 용어들은 깊이를 더하기보다는 표피적이고 순간적인 쓰임새에 충실할 뿐이었다.

3 장

급진성에 대한 두려움과
중재 메커니즘

사회 각 영역의 운동 방향은 서로 다르지만 결국은 암묵적인 협업을 통해서, 미디어 기술이 우리 사회에 영향을 미치면서 피고드는 급속한 변화에 대한 '두려움'을 통제하기 위한 힘을 모은다. 그래서 새로운 미디어 기술에 따른 급속한 변화를 두려워하는 '나의 이웃'이 '나'와 함께 살 수 있는 것이다.

버르장머리 없는 녀석들

리모컨, 저격하다[1]

조종장치를 가지고 노는 것은 인간의 본능에 가까운 일인 듯하다. 언어를 제대로 사용하지 못하는 어린아이들도 어떤 기기를 보면 버튼을 누르거나, 레버를 당겨보거나 하는 행동을 통해서 뭔가 새로운 움직임을 일으켜 보려고 한다.

진공관 라디오 시대부터 트랜지스터 라디오 시대까지 라디오는 기껏해야 서너 개의 조종장치만 달려 있었다. 대개의 라디오는 파워 버튼, 주파수 전환장치, 볼륨 조절장치 정도가 기본적이었다. 카세트 일체형 트랜지스터 라디오는 라디오와 함께 녹음기 모드 전환장치가 하나 더 부착되어 있었다. 이런 단순한 기기를 익숙하게 다루는 데는 그리 긴 연습이 필요하지 않다. 직관이 이끄는 대로 손가락을 움직이면 한두 번의 실수를 하더라도 이내 정상적으로 기기를 조작할 수 있다. 라디오를 켜기 위해 파워 버튼을 누르고 나면 주파수가 어디에 맞춰져 있든지 라디오 기기에서 소리가 새 어나온다. 그 소리가 라디오 방송 소리가 아니고 잡음이면 주파수 장치를 돌리면서 원하는 방송에 맞추면 된다. 그리고 나서 원하는 크기만큼 음량을 조절하면 된다. 혹 주파수를 맞추려다 다른 버튼을 돌리는 바람에 소리

---

1 임영조, 「리모컨」, 1991년 9월 ≪시와시학≫ 발표작에서 1행의 "저격을 꿈꾼다"라는 표현을 빌려 썼다.

가 커져버리면 "아, 이것이 소리 조절 장치구나" 하고 소리를 먼저 조절하면 된다. 그리고 남은 장치가 주파수 전환장치이거니 하면 틀림없다.

조종장치 차원에서만 보면 흑백텔레비전은 라디오보다 더 간단한 기기였다. 흑백텔레비전에는 채널 전환장치와 볼륨 조절장치만 있었다. 색상의 명암, 콘트라스트를 조절하는 버튼도 조그맣게 앞쪽 또는 뒤쪽에 붙어 있었지만, 텔레비전 설치 기사가 맞춰주고 가면 텔레비전이 망가질 때쯤이나 기능이 오락가락할 때까지는 거의 손댈 일이 없었다. 남녀노소 누구나 흑백텔레비전을 이용하는 데에 어려움을 겪을 일이 없었다.

그러다 1980년 컬러텔레비전이 도입되면서 텔레비전 리모컨도 도입되었다. 텔레비전 리모컨의 고마움은 리모컨으로 조종하는 텔레비전이 출시된 이후에 태어난 시청자 세대에게는 아무리 설명해주어도 그렇게 와 닿지 않을 것이다. 왜냐하면 리모컨이 준 감동은 리모컨 자체의 기능에서만 기인하는 것이 아니기 때문이다.

가스보일러는 고사하고 연탄보일러, 기름보일러도 광범위하게 보급되기 전에 우리 겨울을 지켜주었던 것은 연탄을 피우는 온돌이었다. 창고에 연탄 100장을 들여놓고 김장 몇십 포기 해놓으면 그해 겨울은 안락하게 날 수 있던 때였다. 온돌방에는 지핀 불이 바로 닿아 뜨끈뜨끈한 아랫목과 냉기가 돌아 얼음장 같은 윗목이 있었다. 겨울에는 아랫목에 솜이불을 펴놓고 그 아래 냄새나는 메주들과 함께 파묻혀 메주를 베고 누워 텔레비전을 보며 지냈다. 뜨끈뜨끈하다 못해 등이 벌겋게 익는 아랫목에 한번 누우면 웬만한 일이 아니고서는 움직이지 않으려고 했다. 등짝에 화상을 입어도 그대로 몸을 지지고 싶은 것이 온돌 아랫목인 것이다. 텔레비전 채널을 돌리려고 그 속에서 빠져나온다는 것은 결단과 용기가 필요한 일이었는데, 집안에서의 서열이 밀리면 용기나 결단과 무관하게 자주 들락거려야 했다. 아랫목에서 텔레비전까지의 거리는 방 크기에 따라 다르겠지만 보통은 2m를 넘지 않았다. 한겨울의 온돌방에서 2m를 움직이는 것은 시베리아를 횡단하는 일에 버금갔다. 가족들이 늘 왔다 갔다 하는 요즘 거실에서의 텔레비전 시청과는 전혀 다른 환경이었다. 그래서 온돌에 대한 이해 없이는 리모컨의 감동이 얼마나 컸는지 이야기할 수 없다.

리모컨은 기기를 원거리에서 작동시키는 장비인 리모트 컨트롤러remote controller를 줄여서 간단히 만든 말로 일본과 한국에서 주로 사용하는 용어인데 굳이 우리말로 바꾸면 '원격 조종기' 정도가 무난할 것 같다. 위키백과에는 1893년 니콜라 테슬라Nikola Tesla가 리모컨의 한 형태로 일명 '테슬라 특허'로 불리는 특허를 냈다는 기록이 있다. 리모컨의 사용 범위는 매우 넓어 텔레비전, 라디오, 오디오 장비뿐 아니라 자동차, 주차장 개폐장치, 로봇, 장난감 등에도 사용된다. 1969년 일본에서는 이미 컬러텔레비전에 리모컨이 적용되었다. 색상 조절장치가 좀 더 정교하게 되긴 했지만 컬러텔레비전이라고 해도 조종장치의 기본은 흑백텔레비전과 다를 바가 없었다. 파워 버튼, 채널 장치, 볼륨 조절장치가 기본이었다. 리모컨이 도입되었어도 결국 시청자들이 매일 만져야 하는 장치는 그 세 개가 전부였다.

리모컨이 만들어내는 편리함은 '카우치 포테이토couch potato'[2] 이미지를

---

[2] 카우치 포테이토란 '카우치couch (소파)'에 누워 텔레비전을 보며 '감자 칩'을 먹는 사람을 줄여 말하는 신조어로, 미국에서 처음 만들어진 말이라고 여겨진다. 매일 할 일 없이 집 안에서 빈둥거리기만 하는 사람을 가리킨다.

연상시키면서 게으름을 생각나게 하는 한편, 아이러니하게도 계속 채널을 돌려대는 참을성 없음, 초조함 등을 동시에 떠올리게 했다. 1991년에 발표된 시 한 편을 보자. "저격을 꿈꾼다/ 가장 편한 자세로/ 앉거나 서서 또는 누워서/ 증오의 화상을 처치하는 꿈/ 귀신도 곡할 범죄를 꿈꾼다. (중략)" 1991년 〈시와 시학〉에 발표된 임영조 시인의 「리모콘」이라는 시의 일부이다. 이 시에서는 리모컨으로 채널을 돌리는 것을 증오의 화상畵像을 처치하기 위해 가하는 '저격'이라고 표현했다.

디지털텔레비전, 스마트 텔레비전 등이 출시되면서 리모컨은 직관적으로 조종할 수 있는 수준을 넘어서버렸다. 물론 최소 기능만 사용한다면 큰 문제가 없겠지만 디지털텔레비전 또는 스마트 텔레비전이 가진 본래의 기능을 활용하자면 다소의 공부가 필요하고 꾸준히 사용해야만 한다. 기계 공포증이 있는 사람들이나 새로운 장치에 대한 학습 동기나 학습 능력이 부족한 중년·노년층은 이제 더 이상 리모컨을 게으름뱅이의 전유물로 생각하지 않게 되었다.

중년·노년층은 스마트 텔레비전의 리모컨을 고생스럽게 새로 배워서 따라잡아야 할지, 포기하고 채널 메모리 버튼으로 채널 맞추기와 소리 크기 조절만 할지를 결정해야 할 기로에 서 있다. 텔레비전 앞에 놓인 리모컨은 한 개가 아니다. 텔레비전 리모컨, 유료 방송 서비스의 셋톱박스 리모컨, 게다가 Wii나 PS3 같은 게임기가 연결되어 있는 경우 그것에 딸린 리모컨 등, 서너 개의 리모컨이 텔레비전 주위에 놓여 있다. 필요할 때 적절한 리모컨을 집어 들기도 간단한 일이 아니다. 젊은이들도 리모컨을 잘못 집어 드는 경우가 허다한데 사실 중년·노년층이 리모컨을 기능대로 적절히 사용하길 기대하기는 어렵다. 필자도 전자 기기들이 가득 찬 강의실에서 적절한 리모컨을 집어 들고 조작하기가 쉽게 느껴지지 않는다.

벌써 몇 해 전에 일본의 한 전자 부품 업체는 몸동작, 손동작으로 텔레비전을 조종할 수 있는 기술에 관심을 보였다. 전자 부품 업체 '알프스ALPS 전기'가 리모컨 대신 손이나 몸동작으로 텔레비전 조종이 가능한 기술을 개발했다. 이 기술은 텔레비전에 장착되어 있는 카메라가 사람을 인식하고 손의 움직임을 감지해 채널 선택, 프로그램 표시, 음량 조절을 가능케 하는 장치다. 이 장치는 카메라가 장착된 텔레비전의 보급을 고려한 리모컨 기술이라고 할 수 있다(≪아시아투데이≫, 2010.11.1).

이미 2002년에 20세기 폭스에서 제작한 스티븐 스필버그Steven Spielberg 감독, 톰 크루즈Tom Cruise 주연의 〈마이너리티 리포트Minority Report〉에는 현란한 손동작으로 홀로그램 같은 모니터를 생성시키고 윈도를 열었다 닫았다 하면서 검색하는 장면이 나온다. 그 영화를 보면 먼 미래는 참 멋져 보이고 첨단 미디어 기술의 세상이 될 것 같지만 계속 보다 보면 그런 식으로 기기를 정교하게 다루는 것이 편해 보이는 것만은 아니다. 회의에 참석한 사람들이 자료를 검색해서 보여주면서 다들 저렇게 손을 휘저어댄다면 정신이 하나도 없을 것이며 정확도도 떨어질 것 같다. 가족이 모인 거실로 옮겨와 보면 상황은 더욱 심각해진다. 손으로 리모컨을 조작하는 것에 익숙지 않은 중년·노년층은 콘텐츠의 선택권을 상실한다.

리모컨 기술의 변화는 텔레비전에 대한 통제권을 기성세대에서 젊은 세대로 옮겨놓았다. 그것은 텔레비전 리모컨이 사용되기 시작하던 시절에는 상상치 못한 일이다. 왜냐하면 초기의 리모컨 통제력은 여전히 가족 구성원 중에서 연장자가 갖기 마련이었기 때문이다.

리모컨이 없던 시절 채널을 움직이는 힘은 누구에게 있었는가? 가장은 원하는 채널을 입으로 말만 하면 되었고 엉금엉금 이불 속에서 기어 나와 텔레비전까지 가서 채널을 돌려야 하는 이는 권력에서 가장 멀리 있는 이였다. 리모컨이 사용되면서는 리모컨을 쥐고 있는 이가 바로 권력을 쥐고 있는 이였다. 리모컨은 아무 채널이든 손쉽게 돌릴 수 있는 장치였지만 어른들이 텔레비전을 시청하는 중에 아이들이 함부로 채널을 돌렸다가는 "요, 버르장머리 없는 놈이" 하고 야단맞기 일쑤였다.

세월이 30여 년 흘러 이제는 판도가 바뀌었다. 아이들은 새로운 리모컨을 쥐고도 직관적으로 몇 번 눌러대다가 금방 리모컨의 새로운 문법에 익숙해지는 반면, 노년층으로 갈수록 수많은 버튼이 배열된 리모컨에 지레 질려버리고 만다. 할머니가 "얘들아, 그때 보던 그 드라마 좀 켜 줘"라고 하면 아이들이 "우리가 지금 이 프로그램 보고 있어요"라고 대꾸한다. 그러면 할머니로서는 달리 대안이 없다. 할머니는 아이들에게서 리모컨을 빼앗아봐야 어떻게 조작해야 하는지 모르기 때문이다. 리모컨의 사례는 인간 생활의 효율성과 합리화를 추구하는 동시에, 전자 제품 기업이 새로운 시장을 개척해나가는 과정에서 끊임없이 만들어내는 새로운 기기들이 인간을 소외시키며 진화해나가는 양상을 잘 보여준다.

이처럼 리모컨의 진화는 가족 내 권력관계의 구도 변화에 영향을 미쳐왔다. 미셸 푸코가 말했듯이 권력관계는 정치제도 속에만 존재하는 것이 아니라 인간관계에 매우 광범위하게 퍼져 있다. 개인들 간에는 물론이고 가족 관계, 교육, 정치적 결사체 등 인간관계가 형성되는 곳 어디에서나 작용할 수 있다(푸코, 1995: 102~103). 특히 가족 관계에서의 권력관계는 나이 서열, 가장과 가족 구성원들 간의 관계 등에 따라 만들어지는데 전통적으로 계승되는 문화 측면이 있어서 외부적 강제보다는 구성원 각자의 자발적 동조로 형성되는 경향이 있다. 그런데도 리모컨의 복잡화는 연장자가 가진 정보의 활용 능력을 무색하게 하고, 그들에게 새로운 기술의 습득을 위해서 시간과 에너지를 투입해야 한다는 스트레스를 부여했다. 중년·노년층은 스마트 텔레비전 리모컨의 복잡성 때문에 지금까지 가장 손쉽게 정보와 오락거리를 획득할 수 있었던 텔레비전 이용에서 급속히 통제권을 상실하게 된다.

텔레비전 리모컨으로 인한 가족 내부의 사소해 보이는 권력 이동을 가족의 모든 활동 영역에까지 적용하지 않는다 하더라도, 적어도 텔레비전의 기능을 최대한 활용하는 데 리모컨이 중요한 수단이 되는 스마트 텔레비전 시청에서는 권력 이동이 뚜렷해졌다. 푸코는 권력이 실체substance가 아니라고 단언했다. 또 그것은 그 기원을 샅샅이 탐구해야 하는 불가사의한 특성property을 갖지도 않으며 권력은 단지 개인 간 특정 유형의 관계일 뿐이라고 보았다.[3] 새로운 미디어 기술은 그렇게 기존의 관계에 변화를 자극해서 가족과 사회조직 내 긴장을 고조시킨다. 긴장은 상황의 통제력이 떨어질 때 발생하는데, 기존 기술과의 유착이 강하면 강할수록 새로운 환경에 대한 적응은 그만큼 더 어려워지기 마련이다.

---

3   원 번역에서는 property를 '재산'으로 번역하고 있으나 이는 '특성'을 오역한 것으로 보인다. 이 글은 푸코가 1979년 10월 10일과 16일, 스탠퍼드 대학에서 행한 초청 강연 내용을 번역한 것이다(푸코, 1995: 82).

정보의 바다에서 권위의 위기와 고착

정보의 바다, 그것은 인터넷이 보급되기 시작한 1990년대 중반 인터넷을 칭하던 멋진 은유였다. 이후 1990년대 후반에는 정부와 통신 사업자들의 인터넷 홍보에 힘입어 '정보의 바다'는 다음 세상을 보여주는 상징이 되었다. '정보의 바다'라는 은유에 맞춰 1994년에 넷스케이프 커뮤니케이션이 내놓은 웹 브라우저 프로그램의 이름은 항해사를 의미하는 '내비게이터 navigator'였다. 당시 사람들은 '정보의 바다'에 왜 그토록 열광했던 것일까? 그 질문이 적절치 않다면 정부나 통신사들은 왜 사람들이 '정보의 바다'에 열광할 것이라고 생각했던 것일까 하는 질문으로 바꿔볼 수도 있다.

이 질문의 답이 될 수 있을 만한 수많은 예들 중 하나를 적어보았다. 지금으로부터 27년 전인 1988년에 대학 강의에서 과제를 수행하고 제출하는 과정과 2015년 대학에서의 상황을 그려보자. 1988년에 대학생들은 지극히 제한된 정보를 가지고 관련 자료를 찾아야 했다. 과제에 도움을 줄 내용의 글들을 어떤 책이나 저널에서 찾아야 하는지 알려면 자기보다 훨씬 많은 정보량을 가진 사람의 도움을 받아야 했다. 그들은 교수나 대학원생 조교였다. 문제는 그들이 자신이 가진 정보 중에서 많은 것들을 질문자에게 주지 않는다는 점이다. 그 이유는 한두 가지가 아닐 것이다. 현실적으로 볼 때, 구두로 많은 정보를 전달하기 어렵기 때문일 수도 있고 주로 기억에 의존한 탓에 정보가 허술하기 때문일 수도 있다. 또는 힘들게 얻은 정보를 쉽게 내주고 싶지 않기 때문일 수도 있다. 아무튼 그렇게 얻은 작은 단서를 가지고 학생들은 도서관의 서지 목록함에서 가나다순으로 된 서지 목록표를 뒤져서 책을 신청하면 30분에서 1시간 후에 책을 받아갈 수 있었다. 책의 뒤표지 안쪽에는 대출 목록표가 있어서 전에 누가 이 책을 빌려서 읽었는지도 한눈에 볼 수 있었다. 이런 과정은 요즘의 시각에서 볼 때는 하도 우스꽝스러워 2010년대 중반 대학을 다니는 학생들이 알아듣게 설명하기도 힘들다.

지금은 학생들이 학교 도서관 전자 시스템을 통해서 전 세계의 학술지나 잡지 등에 접근할 수 있으며 문헌의 요약은 물론, 원문을 다운로드해서 읽을 수도 있다. 전자 저널을 검색하기 위해서는 교수든 학생이든 마찬가지로 정확한 제목을 입력하든지 아니면 적절한 검색어를 입력해야 한다. 도서관 전자 시스템이 학생들의 검색보다 교수의 검색에 더 민감하게 반응하는 일은 없다.

또 다른 예로 병원의 약 처방을 보자. 과거에는 의사가 휘갈겨 쓴 손글씨를 보고 병원 내 약국에서 약을 지어서 환자들에게 제공했다. 의약분업 후 환자들은 의사의 처방전을 직접 받아들 수 있게 되었고 의약품 검색 사이트에서 약의 효능과 부작용 등을 확인할 수 있게 되었다. 스마트 폰 시대에는 의약품 검색 앱도 등장해 언제 어디서나 간편하게 검색을 실시할 수 있게 되었다. 정보의 바다에 대한 사람들의 감동은 바로 이런 데서 오는 것이다. 절대적 권위에 해당하는 대학 교수와 병원 의사들의 지식에 대한 독점적 정보 영역은 인터넷 이전과는 비교도 할 수 없을 정도로 협소해지는 듯했다.

그러나 인터넷의 활용으로 세상의 질서가 전복되는 일은 드물었다. 인터넷 세상은 사람들이 기대했던 방향으로만 전개되지 않았다. 긍정적 변화가 착시 효과일 수 있다는 생각이 드는 일들도 동시에 나타났다. 인터넷망이 설치된 지 20여 년이 지난 지금, 대학과 병원의 두 영역만 보더라도 정보의 바다가 이뤄놓은 혁명적 변화는 시각에 따라 논란의 여지가 있다.

특히 대학과 병원 영역에서 다소 형식적인 변화가 있었지만 어떤 의미에서 볼 때 교수와 의사의 전통적 권위는 조금도 실추되지 않았다. 정보의 획득 방법과 저장·전달 방법은 획기적으로 바뀌었지만 그 과정에서 교수와 학생들 간의 권력관계는 크게 변화가 없었다. 점차 바뀌어가고 있다는 점에 주목할 수도 있지만 미디어 기술을 통한 수많은 획기적인 변화에도 불구하고, 전통적인 의미에서의 권력관계에는 그다지 큰 변화가 없었다.

지금의 대학생들은 학교에서나 집에서나 대학 도서관 전자 시스템을 통해서 전 세계의 저명 학술지와 잡지들을 검색해 공부할 수 있게 되었다. 하지만 실제로 그러한 방법에만 의존하여 대학에 가지 않고도 동질의 지적 성취를 이뤄내기란 쉬운 일이 아니다. 그간에 형식적인 변화가 있다면 교수의 직접적인 권위에 크게 의존하지 않고도 온라인으로 학위를 받을 수 있거나 단편적인 공부를 하는 것이 어느 정도 가능해진 경우를 들 수 있다. 그러나 본격적인 지식의 생산 작업에서 교수의 지도는 전통적인 대학이든 온라인 학위 과정이든 여전히 절대적인 영향력을 가진다. 또 환자들은 의사의 처방을 직접 받아 인터넷에서 약의 효능과 부작용 등을 조회해볼 수 있게 되었지만 여전히 병을 진단하고 약을 처방하는 것은 의사 고유의 권위 영역에 들어간다. 향후에도 그런 실질적인 권위는 정보시스템의 발전에도 불구하고 유지될 것으로 보인다.

인터넷의 상호작용성은 기존의 그 어떤 전자 미디어보다도 우수해 인터넷은 대안 미디어로서 주목받아왔다. 무선 인터넷은 모바일 미디어와 융

합해 해당 미디어를 스마트하게 만들었다. 소셜 네트워크 서비스는 스마트 미디어의 광범위한 확산과 함께 더욱 그 빛을 발하게 되었다.

2007년 미국 대선 당시의 한 일화를 보자. 2007년 미국의 대선에서 일리노이 주 상원 의원인 버락 오바마Barack Obama가 막대한 선거 자금을 동원한 강력한 경쟁자인 힐러리 클린턴Hillary Clinton에 맞서기 위해서 페이스북의 창립자인 마크 주커버그Mark Zuckerberg를 캠프에 영입해 온라인 활동을 통한 선거 자금 모금에 나섰다. 또 오바마는 적극적으로 트위터를 활용해 기존 네트워크 방식을 바꿨다. 공화당 전당대회의 찬조 연설자로 나선 영화배우 클린트 이스트우드Clint Eastwood는 오바마가 마치 투명 인간처럼 한 일이 아무것도 없다는 걸 강조하기 위해 빈 의자를 갖다 놓고 조롱한 일이 있었다. 이에 오바마 캠프는 오바마가 자신의 의자에 앉아 있는 사진과 함께 "이 의자는 주인이 있습니다"라는 글을 트위터에 올려 클린트 이스트우드에게 반박했다.

이처럼 새로운 커뮤니케이션 방식인 트위터를 통해서, 기존의 미디어와 그것을 중심으로 형성된 공식적 커뮤니케이션을 거치지 않고도 누구든지 자유롭게 대화에 참여할 수 있게 되었고 그 내용을 유포시킬 수 있는 환경에 우리는 살고 있다. 정치 선거에서도 트위터의 영향력은 그렇게 확인되었고 기존의 커뮤니케이션 방식에 기초한 권위를 와해시킬 만한 힘을 보여준 것으로 평가된다.

이처럼 인터넷은 기존 제도로서의 미디어가 수행하지 못했던 일들을 세상에 드러내놓으면서 대안 미디어로서의 역할을 했지만 인터넷상에서의 표현의 자유는 부정적인 측면을 드러내기도 했다. 인터넷은 대안적 미디어라는 인식이 강해 네티즌들은 오프라인 미디어 활동에서 할 수 없었던 글을 인터넷상에 게시하면서 표현의 자유를 만끽하려고 했다. 그러나 이러한 기대는 여러 가지 난관에 부딪히게 되었다.

인터넷상의 표현들 중에는 표현의 자유를 넘어서 타인의 명예를 훼손하고 모욕을 주는 내용들이 허다하다. 인종주의적 표현, 성차별적 표현, 지역주의적 표현, 반사회적 표현, 음해성 표현 등 표현의 자유를 남용한 사례는 무수히 많다. 사람들은 오프라인에서 감히 하지 못하는 발언들을 익명의 힘을 빌려 인터넷에서 쏟아낸다. 이러한 표현들은 인간 사회가 예의로써 지켜오던 부분들을 포기하는 것을 의미하며 억제했던 야만성을 표출하는 것으로 보일 뿐이다. 인터넷이라는 새로운 기술이 제공하는 긍정적 능력의 실현은 이러한 부정적 영향들에 의해서 발목 잡히게 된다.

그 예로 인터넷 실명제를 들 수 있다. 인터넷 실명제는 2007년 인터넷상에서의 무분별한 표현의 자유로 인한 피해를 방지하기 위해서 마련되었다가 2012년 헌법재판소의 헌법 불합치 판정으로 폐지된 제도이다. 헌법재판소는 인터넷 실명제 실시 이후 음해성 댓글 등이 뚜렷하게 줄어들었다는 증거가 없었다고 밝혔다. 인터넷 실명제가 실제로 제재한 것은 야만적인 감정의 무분별하고 폭력적인 표출이 아니라, 사회 변화를 지향하는 토론의 장이 아니었을까.

새로운 미디어 기술이 새로운 세상을 가져다주는가? 또 새로운 미디어 기술이 버르장머리 없는 아이들에게 기존의 권위에 맞설 힘을 주는가? 간단히 답하기 어려운 물음이다. 특별한 기대감이 없었다면 누구도 새로운 미디어 기술 개발에 시간과 노고를 들이지 않았을 것이고 시장에 그 기술을 내놓지 않았을 것이다. 우리가 인식하든 못하든 얼마나 많은 기술들이 끊임없이 제안되고 사라지는지를 생각하면 꿈과 아이디어가 구체화되고 상품이 되어 시장에 나오기까지 얼마나 큰 기대감이 축적되어왔을지 상상해볼 수 있다. 그러나 새로운 미디어 기술에 대한 기대감은 도입 초창기에 기술에 대한 경이로움과 함께 폭발적으로 일어나지만 그 기대감은 때로는 급속히 위축되거나 아예 좌절감으로 끝나기도 한다.

02
속도의 문제[4]

진화적인가, 혁명적인가

우리는 이 책의 1장과 2장에서 미디어 기술이 인간의 소비와 과시의 욕망을 끌어안고 있으며 기술의 소유와 활용은 일상에서의 권력으로 이어지는 것을 보았다. 또 기술은 그것의 기능적 측면을 넘어서 꿈과 상상의 이야기를 포함하고 있었다. 이런 것들이 기술의 본질적 측면에 관한 논의였다면 3장에서는 새로운 미디어 기술의 도입과 그것이 세상을 바꿔놓는 속도의 문제를 이야기한다.

　미디어 기술의 소비와 과시 욕망, 미디어 기술의 소유와 활용으로부터 형성되는 권력, 미디어 기술을 둘러싼 꿈과 상상의 이야기 등을 통해서 볼

4　이 부분은 대체로 임정수, 「매체 도입기에 나타난 두려움에 대한 연구: 혁명적 변화와 진화적 변화의 중재기제로서의 두려움」, ≪한국언론학보≫, 49권 3호(2005), 30~51쪽에 기초해 수정 및 자료를 보완해 저술했다.

때 이 책이 기본적으로 미디어 기술을 가치중립적으로 보지 않음을 독자들은 알 수 있을 것이다. 사람들은 욕망을 충족시키고 꿈을 꾸기 위해 때로는 미디어 기술의 옷을 입었고, 때로는 미디어 기술에 옷을 입혔다. 그런 과정에서 미디어 기술은 세상에 크고 작은 변화를 주는 하나의 동력이 되어왔다. 미디어 학자들은 세상의 변화를 자극하는 동력으로서 미디어 기술이 얼마나 강력한 효과를 갖고 있는지를 논하게 되었다. 그 양극단의 한쪽에는 미디어 기술 결정론자로 불리는 집단이 있었고, 다른 한쪽에는 사회구조론자로 불리는 집단이 있었다. 물론 두 극단적 주장들만 맞서는 구도는 아니었으며 그 두 입장들 사이에는 다양한 스펙트럼의 주장들이 존재했다. 미디어와 사회 변화의 관계를 다루는 학자들의 입장을 이처럼 나누는 기준은 속도에 대한 학자들의 생각 차이였다.

속도는 물리학적 개념으로서 변위를 걸린 시간으로 나눈 값이다. 이동 거리가 얼마가 되었든 변위를 걸린 시간으로 나눈 값이 속도인 데 반해, 속력은 이동 거리를 걸린 시간으로 나눈 값이다. 만약 어떤 물체가 계속 이동하다가 결국 출발점으로 돌아오면 변위는 0이 되므로 속도는 0이 된다. 미디어 기술이 세상에 미치는 영향을 보려는 것이므로 미디어 기술이 결과적으로 세상을 바꿨을 때의 빠르기를 '속력'이 아닌 '속도'라는 은유로 사용하는 것이 타당하다.

기술과 사회 변화의 속도에 대해 사회과학자들이 갖는 상당히 다른 두 시각을 정리하고 넘어가려고 한다. 하나는 새로운 기술의 도입이 기존 기술을 수정, 보완하거나 새로운 측면을 첨가해서 이뤄진 진화적evolutionary 변화의 한 과정이라고 보는 시각이며, 다른 하나는 새로운 기술의 도입이 사회와 문화를 혁명적revolutionary으로 변화시킨다는 시각이다. 새로운 기술의 도입으로 초래한 변화를 혁명적으로 보느냐 진화적으로 보느냐는 물음은 과학기술 자체의 변화 정도가 아니라 과학기술의 변화로 인한 정치·경제·사회·문화 등 여러 영역에서의 변화에 관한 것이다.

허버트 스펜서Herbert Spencer는 찰스 다윈Charles Darwin의 진화론에 영향을 받아 생물학적 진화론을 사회학에 도입해 사회진화론을 주창했다. 사회진화론은 다윈의 생물학적 진화론에만 영향을 받은 것이 아니라 에너지 보존의 법칙과 같은 18세기 물리학의 영향을 크게 받았다. 균형을 유지하려는 경향을 가진 자연의 보편적인 법칙과 마찬가지로 스펜서는 사회가 균형을 유지하려는 과정에 갈등과 긴장이 내재한다고 보았다. 또 갈등과 긴장은 두려움을 유발하고, 그 두려움 때문에 사회 체계가 발전되도록 자극받는다고 보았다(신연재, 1994: 201~219; Lauer, 1991; Spencer, 1969).

새로운 미디어 기술도입에 따른 진화적 사회 변화라는 주장은 새로운 기술의 도입이 사회의 필요에 따른 것이며, 발명된 모든 기술이 실제로 채택되는 것이 아니라 시대와 장소의 상황에 따라 취사선택된다는 점에 주목했다(Winston, 1986). 이러한 주장은 사회집단이나 개별 사회 구성원에 따라 새로운 기술을 수용할지 거부할지 또는 변형된 형태로 수용할지를 결정하는 과정을 거치면서 기술과 사회 간의 조정이 있다는 것을 강조한다. 그 조정 과정에서 사회의 요구와 부합하는 것은 채택되고 그렇지 않으면 거부될 수 있어서, 새로운 기술도입에 따른 진화론적인 사회 변화를 유도한다. 에릭 피앙카Eric Pianka는 이런 과정을 환경과의 상호작용 속에서 유전자의 보존과 변이를 겪는 생물학의 진화론적 설명과 유사하다고 보았다(Pianka, 2000).

빈센트 모스코Vincent Mosco, 허버트 실러Herbert Schiller, 사라 더글러스 Sarah Douglas와 토머스 구백Thomas Guback 등은 정보 기술의 도래를 혁명적이라고 보는 시각에 회의적이었다(Mosco, 1982; Schiller, 1981; Douglas and Guback, 1984: 233~245). 이들은 정보사회가 자본주의의 진화된 형태에 불과하고 이전 시대와의 불연속성을 가정할 수 없다는 공통된 주장을 한다. 대니얼 벨Daniel Bell도 현대사회를 '후기 산업사회'라고 명명해서 시대적 구분을 하지만(Bell, 1973), '정보혁명informational revolution'과 같은 표현을 피해서 기본적으로 사회의 변화를 혁명적이라기보다는 진화적으로 이해한다.

한편 혁명적 사회 변화는 앞 시대와의 단절을 의미하며 새롭고 광범위하게 일어난 변화가 기존 사회질서에 의해서 설명될 수 없음을 의미한다(Winston, 1986). 예를 들어 우리가 '산업혁명industrial revolution'이라는 표현을 사용하는 것은 단순히 새로운 형태의 공장이 만들어짐을 의미하려는 것이 아니라, 농업과 수공업 위주로 형성된 사회를 공장제 생산 체제로 바꿔서 노동과 고용 제도, 정치제도, 조세제도, 학교 제도, 가족 관계 등 사회 전반이 재편되었음을 강조하려는 것이다. 산업혁명은 사회적인 변화가 혁명적일 수 있다는 인식을 갖게 했다. 그 후 사회과학자들은 '혁명적' 사회 변화를 예측해보려 했고 '혁명적'이라는 용어는 갑작스럽고 급속한 사회적 변화를 강조하기 위해 사용되었다(Bates, 1989). 이 글에서 '혁명적'이라는 표현은 새로운 매체 도입의 결과에 대한 평가이지 혁명에 따른 사회 변화를 의미하지는 않는다.

오히려 여기서 혁명적인 변화란, 과학사의 흐름을 설명하기 위해 토머스 쿤Thomas Kuhn이 제시한 개념인 패러다임paradigm의 전환을 의미한다 (Kuhn, 1970; Winston, 1986). 기존의 질서를 설명하는 근거가 되었던 패러다임이 설명력을 잃어가면서 위기에 빠지면 경쟁 패러다임이 대두되어 기존 패러다임을 대체하는 혁명이 일어난다는 주장이다. 아이작 뉴턴Isaac Newton의 만유인력의 법칙이 나온 이후 과학이 이전과는 전혀 다른 패러다임에 의해 진행되는 것이 그러한 예이다. 또 다른 예로 독일이 통일되고 소비에트연방이 해체된 이후의 국제 관계를 들 수 있는데, 이는 이전 시대를 설명하던 이념과 냉전 구도로는 설명되지 않기 때문에 패러다임의 전환으로 볼 수 있다. 패러다임의 전환은 본질의 변화를 수반하기 때문에 혁명적 변화를 의미하며 기본적으로는 불연속성에 기초한다.

 '정보혁명'이라는 용어도 공업사회에서 정보산업에 기반을 둔 사회체제로 변화함에 따라 정치·경제·사회·문화 등의 다양한 영역들이 새로운 질서로 재구성됨을 의미한다. 20세기 과학기술의 급속한 발전을 경험한 사회과학자들은 정보 기술의 성장 이전과 이후의 불연속성을 강조하면서 이 새로운 시대를 '단절의 시대the age of discontinuity'(Drucker, 1969), '커뮤니케이션 혁명'(Williams, 1982), '정보 시대'(Dizard, 1982) 등으로 명명하려는 시도를 했다. 마셜 매클루언Marshall McLuhan의 저서 『미디어의 이해Understanding Media: The Extension of Man』(1964)는 미디어의 특성에 따른 인간 사고 방식의 변화와 사회구조 변화를 다룬 극단적인 기술 결정론의 예이자, 사회의 혁명적 변화에 대한 믿음이었다. 이들이 연속성을 완전히 부정했다기보다는 변화의 속도가 사회적·문화적 또는 기술적 불연속성을 야기할 만큼 급진적임을 강조했다고 보는 것이 타당하다(Schement, 1989). 새로운 매체 도입에 따른 혁명적 사회 변화의 주장은 다른 요인들의 개입과 상호 작용을 염두에 둔 진화적 변화의 주장보다 결정론적인 색채를 띤다.

물론 사회의 혁명적 변화도 크게 보면 사회진화론의 틀 내에서 설명될 수 있다. 다윈이 생물학적 진화론을 주장하고, 스펜서가 사회진화론을 주장한 이래로 근대 사회학자들은 진화론의 영향에서 자유롭지 못했다(해리슨, 1994). 새로운 미디어 기술도입에 따른 사회의 진화적 변화와 혁명적 변화의 의미 차이는 사회학적 계보의 차이가 아니라, 변화 속도에 따른 단절성의 정도에서 온다.

원근의 문제

새로운 미디어 기술의 도입에 따른 사회 변화가 혁명적인지 진화적인지는 어느 한쪽에 진실이 있다기보다 사회과학자가 거시적 접근과 미시적 접근 중 어떤 원근법으로 현상을 보았는가에 달려 있다.[5] 거시적 접근은 주로 사회가 채택한(성공적으로 정착한) 미디어 기술의 장기적 영향을 평가하는 데 유용한 반면, 미시적 접근은 수많은 기술의 등장·채택·수정·폐기·거부 등을 목격하는 데 유용하다. 긴 역사의 관점에서 보면 농경사회와 공업사회, 공업사회와 정보사회는 서로 다른 패러다임에 근거한 불연속적인 시대구분으로 보일 수 있다. 이러한 시대적 구분에도 불구하고 변화는 긴 시간에 걸쳐 일어나므로 기존 문화는 새로운 기술에 따른 문화와 오랫동안 공존한다는 사실을 간과해서는 안 된다. 따라서 미시적 접근에서 볼 때 전

---

5   이 책의 서설 24~25쪽에서 자세히 설명한 바 있다.

환기에 살아가는 개인은 교체되는 두 체제의 뒤섞임을 경험하게 되며, 경험하는 많은 변화들이 단절적이지 않아 이전 시대와 이후 시대를 연속적으로 보게 된다.

토머스 미사Thomas Misa는 접근 방법에 따라 새로운 기술의 영향을 다르게 평가할 수 있다고 주장했다(Misa, 1994). 그에 따르면 새로운 미디어 기술도입이 초래한 패러다임의 전환과 같은 혁명적 변화는 기술 결정론의 거시적 접근 결과이다. 거시적 차원의 기술 결정론은 개인적 차원의 기술 수용 과정과 그로 인한 일상사에서의 영향 등과 같은 미시적 차원을 무시하고 거시적 변화에 초점을 둔다. 미사는 기술의 사회 형성과 사회의 기술 형성을 통합적인 시각으로 보기 위해서 미시적 접근과 거시적 접근의 중간 형태인 중시적 中視的 접근이 필요하다고 역설했다. 기술이 사회 변화를 가져온다는 주장은 인간이 창조한 사회기술적sociotechnical 네트워크를 통해 인간이 사회를 변화시킨다고 말하는 것으로도 볼 수 있는데(Misa, 1994: 141) 이런 관점이 바로 중시적 접근의 필요성을 낳는다.

새로운 미디어 기술이 사회를 혁명적으로 변화시키는지 진화적으로 변화시키는지의 문제로 다시 돌아오면 어떻게(거시적으로 볼 때) 비연속적 패러다임의 전환으로 보이는 변화의 시점에도 사회가(미시적으로 보면) 연속성을 유지하면서 변화하는가라는 물음에 부딪힌다. 그 반대의 물음도 마찬가지로 성립된다. 거시적으로 보면 역사의 경계선이 보이지만 미시적으로 다가가서 보면 그 경계선은 명확하지 않을 뿐 아니라 사회의 각 차원마다 다르게 그어져 있다는 것도 알게 된다.

거시적으로는 단절적으로 보이는 시점에서도, 미시적으로는 끊임없이 새로운 기술에 대한 미세 조정이 일어나는 것으로 볼 수 있다. 왜 그러한 미세 조정이 일어나게 되고 어떻게 그러한 미세 조정을 통해서 불연속성이 극복되는지를 보기 위해 우리는 '두려움'에 대한 이야기를 해야 한다.

03
단절의 두려움, 고착의 두려움[6]

두려움의 개념화

새로운 매체의 등장이 가져올 변화에 대한 기대와 흥분은 두려움을 동반한다. 새로운 것의 수용은 익숙한 삶의 방식을 배척하거나 소원해짐을 함축하며 기대감 못지않게 두려움도 내포한다. 미디어 기술 정책은 대체로 기대감보다는 이 두려움에 더 깊이 개입되어 있다. 새로운 미디어 기술을 도입하고 이용하는 것을 기대하는 주체와 두려워하는 주체를 도식적으로 구분하는 것은 무의미한 일이며, 이는 대단히 복잡하게 얽혀 있다. 다시 말해 일반 이용자들 또는 비기득권층은 새로운 미디어 기술의 상황을 기대하는 주체이고, 정책 결정자 또는 사회의 기득권층은 두려움의 주체가 되는 것과 같은 단순한 대립 구도가 아니라는 점이다. 비기득권층이 새로운 미디어 기술의 도입에 적극적이고 기득권층은 이들의 새로운 미디어 기술 활용의 가능성에 두려움을 갖는 구도라면 일반화와 이론화에 열중하는 사

6　임정수, 「매체 도입기에 나타난 두려움에 대한 연구: 혁명적 변화와 진화적 변화의 중재기제로서의 두려움」, ≪한국언론학보≫, 49권 3호(2005), 30~51쪽에 기초한다.

회과학자들이 반가워할 만한 주제가 될 것이다. 그러나 일반화와 이론화의 강박을 가지고 이 주제에 접근하는 학자는 뜻밖의 증거를 만나기 전에 서둘러 결론에 도달해야 할 것이다. 새로운 미디어 기술의 도입을 둘러싼 낯섦, 기대감, 두려움 등의 정서는 사회과학적 방법론을 적용해 총체적으로 도식화할 만큼 단순하지 않다.

두려움은 다양한 모습으로 나타나는데 심리학이나 정신병리학 등에서 다뤄지기도 하지만 그보다 훨씬 오랫동안 종교적 의미나 문학의 주제로 존재해왔다. 종교적 의미에서 신에 대한 두려움은 경외감[7]을 의미할 때가 많았다. 문학의 경우 윌리엄 셰익스피어William Shakespeare 의 『맥베스Macbeth』에 나오는 욕망과 피가 부른 두려움은 죽음의 그림자와 함께 다니면서 모두를 죽이고 결국 맥베스 자신을 죽이기에 이른다.[8]

이 책에서 중요한 위치를 차지하는 '두려움fear'이라는 개념은 '불안anxiety', '공포phobia' 등의 유사 개념과 차별적인 의미로 도입되었다기보다는 '불안', '공포' 등이 주는 정신병리학적 뉘앙스를 가능한 한 줄이기 위해서 채택되었다. 정신병리학에서도 두려움을 포괄적 의미로 사용하지만 불안의 발달 분류 체계 등에서처럼 불안과 두려움을 특별한 의미의 구분 없이 사용하는 경우가 더 많다.[9] 이 글에서 새로운 미디어 기술도입에 따른 두

---

7 예를 들면 구약성경 「말라기」 2장 5절에 "나의 언약은 생명과 평강의 언약이라 내가 이것을 그에게 준 것은 그로 경외하게 하려 함이라. 그가 나를 경외하고 내 이름을 두려워하였으며 ······ "라는 구절이 있다.

8 "Hang those that talk of fear(두려움을 말하는 자는 교수형에 처하라)." 맥베스가 두려움을 직접적으로 언급한 대사이다.

려움을 말할 때 그 '두려움'은 영어로 'fear'에 해당하며, 『옥스퍼드 영어사전Oxford English Dictionary』이 정의한 'fear'의 의미 중에서 "위험에 대한 노출, 고통에 대한 예상으로 인한 불쾌한 감정(an unpleasant emotion caused by the exposure to danger, expectation of pain)"(Thompson, 1996)이 필자가 말하려고 하는 '두려움'에 가장 근접한 의미를 제공한다.

불안은 예상치 못한 때에 문득 당하게 될지도 모르는, 구체적인 대상을 밝히기가 어려운, 막연한 걱정이다. 때로는 불안을 유발시키는 대상이 실재하지 않을 수도 있다(Atkinson et al., 1987). 지그문트 프로이트Sigmund Freud는 '불안신경증'이라는 용어를 만들어 이것을 두 종류로 구분했다 (Freud, 1962). 하나는 억압된 사고나 소망에서 기인하는 일반적인 걱정이나 두려움이고, 다른 하나는 심한 발한, 호흡, 심박동의 증가, 주관적 공포감 등의 자율 신경계 증상이 수반되는 저항할 수 없는 공황감이다. 불안신경증은 방어기제defense mechanism나 증상에 따라 강박적 사고, 제의적 행위, 히스테리성 마비, 공포증 같은 형태를 띤다고 보았다. 이 주장을 수정해 미국 정신 진단 분류 체계를 제공하는 DSM-IV Diagnostic and Statistical Manual of Mental Disorders, 4th ed 에서는 불안장애를 더 세분화했다(APA, 1994).

---

9 프로이트의 정신분석학을 계승한 학자들은 불안의 발달 분류 체계를 더 정교하게 해서 불안의 무의식적 근원이 어디에 있는지를 결정하는 틀로 삼았다. 초자아 불안 superego anxiety, 거세 불안castration anxiety, 애정 상실 불안fear of loss of love, 대상 상실 불안fear of loss of object, 피해 불안persecutory anxiety, 붕괴 불안disintegration anxiety이 그것인데(Gabbard, 1994; Gabbard and Nemiah, 1985), 여기서 불안 anxiety과 공포fear는 특별히 다른 의미로 사용되지 않았다.

공황장애panic disorder, 공포증, 강박장애obsessive compulsive disorder, 급성 스트레스 장애acute stress disorder, 외상 후 스트레스 장애post traumatic stress disorder, 범불안장애generalized anxiety disorder 등이 그것이다. 이런 진단 체계는 질환과 정상을 경계 짓기 위한 가이드라인이다. 스티븐 아펠바움Stephen Appelbaum은 불안은 "누구에게나 나타나는 것으로 어떤 의미에서는 정상적이라고 할 수 있다. 어떤 순간, 어떤 사람에게는 적응적인 현상일 수도 있고 그렇지 않을 수도 있다. 때로는 지나치게 강력할 수도 있고 아주 약할 수도 있다"고 설명했다(Appelbaum, 1977).

DSM-IV에서는 공포도 불안장애의 일종으로 규정한다(Gabbard, 1994). 특히 공포는 위험의 대상이 비교적 구체적이고 실제로 발생했을 때의 위험이 예상될 때 나타난다. 공포감이 병적이게 되면 남들은 별로 위협을 느끼지 않는 상황이나 대상에도 강한 반응을 보인다. 불안감과 공포감은 사람들이 일상생활을 하면서 스트레스 상황에 직면하거나 특수한 경험을 겪으면서 생겨날 수 있는 자연스러운 현상이지만, 정도가 지나쳐 정상 범주를 벗어나면 정신과적 치료를 요하게 된다(Atkinson et al., 1987).

지금까지 보았듯이 두려움은 지극히 일상적인 용어로 사용되기도 하지만 질환을 의미하는 불안장애와 같은 의미에서 사용되기도 하는 정신병리학적 전문용어이기도 하다. 막연한 두려움을 적절한 방어기제로 해소하면 정상 범주의 정신 상태를 유지하게 되고 방어기제가 실패하면 신경증적 불안neurotic anxiety으로 이어진다고 프로이트는 설명한다(Freud, 1962). 이 글에서 사용하는 '두려움'이라는 개념은 신경증적 질환으로서의 두려움이 아니라 정상 범주에서 일어날 수 있는 것으로서 '예상되는 불확실한 결과와 관련해 어떤 상황을 꺼리는 것'으로 볼 수 있다(구연상, 2002). 이는 두려움에 관한 논의를 계속 진행하기 위한 잠정적인 정의로, 새로운 미디어 기술의 도입에 따른 두려움에 대한 논의를 발전시키면서 구체화될 수 있다. 또 이 두려움은 특정인이나 특정 시대에 국한된 현상이 아니라 보편적으로 경험할 수 있는 현상임을 전제하려 한다.

단절의 두려움

기존의 사회변동 가설들을 정리하면서 닐 스멜서Neil Smelser는 자극에 의해 한 사회 내에 긴장이 쌓이면 누적된 긴장 때문에 사회가 장기적으로 고착, 쇠퇴하거나 지속적 발전 또는 단절적 변화의 길을 걷게 된다고 보았다(Smelser, 1968). 같은 맥락에서 이 글은 다음 두 유형의 두려움이 새로운 기술도입에 따른 사회 변화의 속도 통제 기능을 한다고 보고 필자의 연구 논문(임정수, 2005)에서의 가설을 유지하려 한다. 두려움의 한 유형은 단절의 두려움으로서, 급진적 변화radical change의 억압 기제로 기능하며 역사의 연속성을 유지하게 한다. 다른 하나는 새로운 미디어 기술의 도입으로 기대되었던 변화가 좌절될지도 모른다는 고착의 두려움으로서, 역사적으로 학습된 무력감learned helplessness을 극복하고 패러다임의 전환을 촉구하는 기능을 한다. 결국 이 두 유형의 두려움은 미디어 기술도입에 따른 변화의 속도와 관련이 있다.

먼저 단절의 두려움을 이야기해보자. 미디어 기술사 연구에서 '두려움'이라는 주제를 가지고 이야기를 풀어간 것은 필자가 2005년에 발표한 논문이 처음이었지만, 미디어 기술의 등장에 따른 사회의 광범위한 변화에 대한 논의는 미디어 기술사 연구의 주요 부분을 차지해왔다. 자세히 들여다보면 거기에는 '두려움'의 흔적이 남아 있다. 매클루언(McLuhan, 1962, 1964)과 해럴드 이니스Harold Innis(Innis, 1951) 등에서 시작해, 월터 옹Walter Ong, 헨리 체이터Henry Chaytor, 조슈아 메이로위츠Joshua Meyrowitz, 엘리자베스 아이젠스타인 Elizabeth Eisenstein 등으로 이어진 새로운 미디어 기술도입에 따른 사회 변화의 연구는 어떤 의미에서 모두 '두려움'을 다루고 있다(옹, 1995; Chaytor, 1966; Meyrowitz, 1985; Eisenstein, 1979).

이들의 연구를 통해 볼 때 새로운 매체에 대한 가장 핵심적인 두려움의 대상은 기존의 가치관을 대체하는 새로운 가치관이다. 15세기 이후 유럽 사회에서 인쇄 문화에 직면한 가톨릭교회의 성직자 집단이 가졌던 위기감이 그 대표적인 예이다. 금속활자를 이용해 지역 언어로 번역된 성서가 대량 인쇄되어 일반인이 구입할 수 있게 유포되었고, 이러한 동일 콘텐츠의 대량생산은 누구도 지식을 물리적으로 독점할 수 없게 만들었다. 가톨릭교회에서 인쇄된 책의 등장은 종교적 해석에 관한 교회의 권위에 도전하는 것이었고 결국 성직자들의 권력 누수를 의미했다(Eisenstein, 1979). 인쇄 문화에 대한 두려움과 거부감은 이슬람 문화권에서도 매우 강해 동양의 인쇄술이 유럽으로 전달되는 데에 장벽으로 작용했다. 이슬람 문화에서 종교 서적을 인쇄하는 것은 불경스러운 행위였기 때문에 종교 서적을 인쇄하는 이를 사형에 처했고, 16세기 말에 이르러서야 비종교 서적의 인쇄를 허용했다(Briggs and Burke, 2002). 가치관의 변화는 곧 구질서를 유지해오던 사회 권력구조의 변형을 야기하는 잠재력이었기 때문에 기득권층에게 가장 큰 두려움이었다.

캐럴린 마빈Carolyn Marvin은 새로운 기술의 시도를 위한 노력이 이뤄질 때 사회 균형을 깰 수 있는 새로운 매체의 능력이 인지되고, 그로 인해 기술의 초기 사용은 본질적으로 보수적일 수밖에 없다고 주장했다. 전화가 보급되기 시작한 19세기 말, 미국에서 전화가 어떻게 사회의 네트워크에 영향을 미치는지를 분석한 마빈은 "커뮤니케이션은 적극적으로 변화를 추구하는 상호작용의 한 유형"이므로, 새로운 매체는 "구질서의 관습과 수단들이 변화를 아무리 확고하게 조직화하는 것처럼 보일지라도 구질서를 파괴할 씨앗을 품고 있다"고 주장했다.

전화와 다른 매체의 등장으로 상대적으로 갑작스럽고 매우 예기치 않은 가능성, 즉 이질적인 사회를 뒤섞어놓을 수 있는 가능성이 생겨났다. 이는 어떤 사람들에게는 유용한 기회가 되었고, 다른 어떤 사람들에게는 무서운 침입으로 느껴졌다. 새로운 미디어는 아웃사이더에게 처벌 없이 인종, 성, 계급의 경계를 넘어설 수 있게 허용해서 사회적 위험을 감수했다. 새로운 매체는 관습적 구질서를 변화시켜서 하위 계급을 침묵케 할 새로운 방법과 권위에 도전하는 새로운 방법을 동시에 제공했다(Marvin, 1988: 107).

19세기 말에 전화가 도입되고 서비스 요금이 내려가면서 불필요한 사람들까지 전화를 이용하게 되어 접속 속도와 효율성이 떨어진다는 주장이 있었다. 이러한 주장은 전화의 소유와 사용을 지배 계급에 제한하려는 의도에서 나온 것이며, 전화라는 새로운 매체의 효과에 대한 두려움과 계급적 편견의 결합에서 기인했다는 견해도 제시된 바 있다(Marvin, 1988; 이상길, 2002: 111~143).

새로운 매체 도입이 불러일으킨 두려움에 대한 반응은 회피와 저항으로 나타날 수 있다. 두려움을 느낄 때 인간은 그 기분을 불러일으키는 것을 꺼리게 되어 피하는 것으로 대처하기도 하는데, 피함은 어떤 불확실한 뒤탈을 떠맡지 않으려는 의도에서 비롯된다는 생각도 있었다(구연상, 2002). 한편 인간은 두려움을 피하기보다 용기를 가지고 맞서는 방법으로 대처하기도 하는데, 두려움에 맞서는 것은 원래의 의지를 굽히지 않고 펼치려는 행위이다. 두려움을 피하거나 맞서는 등의 정상적인 반응은 새로운 매체 도입 과정에서 개인과 사회가 보이는 반응과 무관하지 않다.

금속인쇄술의 발명이 유럽 사회를 바꿔놓은 결정적 계기들 중 하나였다고는 하지만 이러한 변화가 곧바로 새로운 사회구조를 형성하고 새로운 질서를 가져온 것은 아니었다. 가톨릭교회는 인쇄의 힘에 대항하면서 딜레마에 빠졌다. 인쇄술의 힘을 인정하지 않을 수 없었지만 인쇄술을 도입하는 것은 곧 종교 개혁주의자들의 성공을 인정하는 것이 되었다. 가톨릭교회는 인쇄술을 수용하기보다 그림, 조각 등의 이미지를 통한 포교를 강화하는 것으로 한동안 인쇄 문화에 저항했다. 따라서 이 시기를 인쇄와 이미지의 대결로 보는 역사적 시각도 있다(Briggs and Burke, 2002: 83~84).

새로운 매체에 대한 통제력 상실과 권력 이동에 대한 강한 두려움이 표출된 대표적인 방식은 검열이다. 검열이 새로운 매체에 국한되어서 이뤄진 것은 아니지만, 새로운 매체에 직면한 정치적·종교적·사회적 권력은 어떤 형태로든 새로운 매체의 확산을 저지해 그들이 통제할 수 있는 힘과 능력을 가질 수 있는 시간을 벌고자 했다.

검열의 대표적인 사례 하나는 16세기부터 시작된 로마 가톨릭교회의 금서禁書 목록이다. 금서 목록에 포함된 책들은 대체로 이단적이고 비도덕적인 마법에 대한 책들이었다. 금서 목록은 20세기 중반까지도 지속되었는데(한상범, 2004) 이는 신교와 인쇄에 대한 해독제로 기능했다. 특이한 것은 이 금서 목록도 인쇄된 것으로서, 인쇄로 인쇄에 저항했다는 점이다. 17세기 영국에서도 출판은 런던, 옥스퍼드, 케임브리지에서만 하도록 제한되었고 출판물 등록 회사를 통해 통제되고 분야별로 다양한 기관을 통해 검열되었다.

검열은 새로운 문화를 통제하는 효율적인 수단이 되지 못했고 몇 가지 의도하지 않은 결과를 낳았다. 하나는 검열되지 않았다면 관심을 두지 않았을 사람들에게 호기심을 유발시킨 것이고, 다른 하나는 검열을 피해 비밀스러운 커뮤니케이션 수단을 강구하게끔 한 것이다. 금서는 해외에서 출판되어 밀수로 유입되었다. 로마 가톨릭교회가 이단으로 규정한 책들이 제본되지 않은 형태로 스위스에서 베네치아와 스페인으로 건너왔으며, 암스테르담에서 프랑스어로 인쇄되어 프랑스로 밀수되어 들어왔다(Briggs and Burke, 2002: 85~88).

특정 도서의 유포가 미칠 영향의 두려움을 드러내는 '금서'라는 말은 역사책에나 나오는 말이 아니라, 금속활자로 인쇄되어 대중적으로 보급되는 책이 나온 지 500년이 지난 현대에도 사용되는 말이다. 금서 목록의 예를 몇 개 찾아보면 지금은 왜 금서로 지정되었는지 이해할 수 없는 금서들을 쉽게 발견할 수 있다. 예를 들면 조세희의 『난장이가 쏘아올린 작은 공』(문학과 지성사, 1978), 김지하의 『오적』(동광출판사, 1985), 조정래의 『태백

산맥』(한길사, 1986) 등이 금서로 지정되었다는 사실은 요즘 시각에서 보면 우스꽝스럽겠지만, 당시에는 그것을 금서로 지정한 누군가의 두려움이 반영된 것이었다.

고착의 두려움[10]

단절의 두려움이 초래한 혁명적 변화에 가하는 억압 때문에 근본적인 사회 변화가 좌절될 수 있다는 두려움이 바로 고착의 두려움이다. 역사적 경험에서부터 현실에 이르기까지 변화에 대한 기대가 반복적으로 좌절된 결과, 학습된 무력감에 빠질 수 있다. 고착의 두려움은 이러한 학습된 무력감을 극복하고 급진적 변화를 촉구하는 기능을 한다.

상황에 대한 통제력이 없는 상태에서 반복된 좌절을 겪으면 무력함을 학습하게 된다는, 1965년에 행해진 마틴 셀리그먼Martin Seligman의 실험결과는 고착의 두려움에 대한 논의의 실마리를 제공한다(Maier, Seligman and Solomon, 1969: 299~343). 학습된 무력감은 1965년 셀리그먼과 그의 동료들이 행한 두려움과 학습의 관계 연구에서 유래한다. 이반 파블로프 Ivan Pavlov의 종소리와 음식을 이용한 실험에서와 달리, 셀리그먼 연구팀은 개에게 종소리와 일정 수준의 전기 충격을 반복적으로 가한 뒤, 건너뛸 수 있는 두 개의 공간이 있는 박스에 개를 넣고 종소리를 냈다. 그들은 학습에 의해서 개가 종소리만 듣고도 옆 칸으로 도망갈 것이라고 예상했다. 그러

---

10 임정수(2005)는 '정체의 두려움'으로 표현했으나 여기서는 '고착의 두려움'으로 수정했다.

나 예상과 달리 종소리에도 개가 움직이지 않자 전기 충격을 실제로 가했지만 개는 역시 움직이지 않았다. 그 실험은 개가 전기 충격을 피하는 것이 반복적으로 좌절되면서 전기 충격을 피하도록 학습하는 것이 아니라, 피하는 것이 소용없음을 학습하게 되어 무력감에 빠지는 현상을 보여준다.

새로운 미디어 기술의 도입에도 불구하고 혁명적 변화가 어떤 억압 기제 때문에 변화의 힘을 잃을지도 모른다는 고착의 두려움은 단절의 두려움과 공존한다. 곧 새로 도입되는 미디어 기술에 긍정적인 변화의 힘이 내재할 것이라는 변화에 대한 기대감은 과거의 폐단이 반복되고 있음을 확인할 때 좌절감으로 바뀐다.

04
암묵적 협업: 급진성의 억압 기제

급진적 잠재성의 억압[11]

거시적으로는 새로운 미디어 기술도입에 따른 혁명적 변화로 여겨지는 것이 미시적으로는 진화적 변화로 이해되는 현상을 설명하기 위한 메커니즘으로서 앞서 언급했던 '두려움'이라는 개념을 연결시켜 이야기할 때가 되었다. 특히 '두려움'이 어떻게 혁명적 변화와 진화적 변화를 중재하면서 미디어 기술도입에 따른 사회 변화 속도를 통제하는지를 이야기해보겠다.

---

[11] 임정수, 「매체 도입기에 나타난 두려움에 대한 연구: 혁명적 변화와 진화적 변화의 중재기제로서의 두려움」, ≪한국언론학보≫, 49권 3호(2005), 30~51쪽에 기초한다.

이는 미디어 기술도입에 따른 미래 사회의 명암을 예측하려는 의도보다는 새로운 미디어 기술에 대한 두려움이 역사의 단절적 변화와 연속적 진화에 동시에 개입하는 모습을 재구성하는 데에 일차적인 목적을 둔다.

새로운 미디어 기술의 도입이 역사의 단절적 변화를 이끌어내는지, 연속적 변화를 유도하는지의 논쟁은 역사철학적 관점의 차이에서 기인하고 있어, 접점을 찾기가 쉽지 않아 보인다. 미사의 연구는 접근법에 따라 다른 결론에 도달할 수 있음을 주장하지만(Misa, 1994), 거시적인 단절과 미시적인 연속성을 이어주는 연결 고리에 바짝 다가가지는 못한다. 반면 역사의 연속성에 중점을 두기는 하지만, 브라이언 윈스턴 Brian Winston 은 새로운 기술도입에 따른 혁명적이고 단절적인 변화가 역사의 연속성을 회복한다는 메커니즘을 제시한다(Winston, 1986: 23~26).

필자가 제시한 '두려움'은 이 두 차원을 연결해주는 중요한 기제로서, 기술도입에 따른 세 차례의 변형을 설명하는 과정에서 중요한 개념이며 윈스턴이 도입한 '급진적 잠재성의 억압'과 일맥상통한다. 윈스턴의 연구는 혁명적 변화와 진화적 변화의 연결 고리에 관심을 보인 드문 연구로서 그 연결 고리의 메커니즘에 다가가는 중요한 단서를 제공한다.

윈스턴이 제시한 기술도입에 따른 세 차례의 변형에 대한 다음과 같은 설명은 미사가 제안한 중시적 접근에 비교적 근접한다. 첫 번째 단계에서 두 번째 단계로의 관념적 변형 ideation transformation 은 과학적 능력을 기술적 수행으로 바꾸는 변형이다. 이 시기에는 아이디어를 얻고 문제의식을 가지며 문제 해결책으로서 기술이나 장치를 머릿속에 그려보는 일들이 이뤄진다. 알렉산더 벨 Alexander Bell 이 전화기를 만들기 수십 년 전에 이미 한 프랑스인이 전화에 대한 구상을 했으며, 벨연구소The Bell Laboratory에서는 1930년대에 이미 트랜지스터를 생각하기 시작했음을 그 예로 들 수 있다.

두 번째 단계에서 세 번째 단계인 기술의 창조로 나아가는 데에는 필요성이 개입된다. 개입된 필요성에 따라 기술의 원형은 거부되기도 하고 전면 또는 부분적으로 채택되기도 하며 기존의 기술 장치들이 가진 부차적인 기능으로 목표 역할을 수행하게 할 수도 있다. 다른 기술 부문에서의 발명, 사회적 변화, 상업적 고려 등이 새로운 기술의 사회적 채택의 필요성을 낳는 데 중요한 역할을 한다. 새로운 기술의 도입은 한 사회가 중대하고 광범위한 대안에 직면해 있음을 의미하며 무엇을 선택하느냐에 따라 사회 여러 영역에서의 변화를 야기할 수 있다.

마지막 변형 단계에서는 기술의 발명에서 생산으로 나아가기 위한 급진적 잠재성의 억압이 개입된다. 발명된 기술 장치가 시장에 수용될 때는 기존 사회의 질서와 정서를 급진적으로 붕괴시킬 수 있는, 기술 장치의 잠재성을 억누르는 사회적 제약이 가해지는데 이런 억압은 미디어 기술의 역사에서 되풀이되어왔다. 급진적 잠재성에 대한 억압은 사업체와 사회 기관 등의 기존 사회구조와 제도를 유지하게 하며, 사회의 각 부분이 새로운 기술 장치를 흡수할 수 있도록 변화와 확산의 속도를 늦추는 기능을 한다.

억압은 법칙처럼 반복되는 패턴을 보이지만 억압의 실질적 작용은 시대와 장소에 따라 다르게 나타났다. 새로운 기술의 폭발적인 출현에도 불구하고 모든 사회제도들이 연속성을 갖는 것이 억압의 가장 명백한 증거라고 윈스턴은 주장한다. 세 번째 변형인 급진적 잠재성의 억압이 수행하는 급진적 변화와 연속성의 중재 역할은 필자가 주목하는 두려움의 한 측면과 관계가 깊다.

급진적 잠재성의 억압은 사회진화론에서 긴장과 갈등을 줄이고 균형을 유지하려는 자연적인 움직임과 유사하며(Lauer, 1991), 프로이트의 정신분석학에서 말하는 불안 때문에 인격의 통일성에 혼란이 생겨 자아가 붕괴되는 것을 막으려는 무의식적 노력인 '방어기제'와도 유사하다(Gabbard, 1994; Freud, 1962).

암묵적 협업

한국 미디어 산업은 근대적 미디어 기술부터 현재의 디지털 미디어에 이르기까지 서구에서 수입하면서 발전했다. 사진, 신문, 출판·인쇄, 영화, 라디오, 텔레비전, 비디오 플레이어, 인터넷, MP3, 스마트 폰, 태블릿 PC 등이 모두 그러했다. 국내 기업, 관련 정책 기관, 연구 기관 등이 이 기술들을 발전시키고 진화시킨 데에 기여하지 않았던 것은 아니지만 기술의 원형이 해외에서 수입된 것이라는 점에 이의를 제기하기는 어렵다. 이 점은 한국 미디어 기술 정책이나 그것에 대한 서술이 새로운 문물의 도입 측면에 집중될 수밖에 없는 결정적인 이유였다.

전근대적 사회에 머물러 있던 한국 사회는 자생적 움직임이었든 일제의 외압 때문이었든 새로운 문물을 빠르게 도입하는 데 관심을 기울였다. 처음에는 갈 길이 멀어서 달렸지만 나중에는 관성에 의해 달렸다. 속도에 열을 올리는 분위기는 광복과 함께 사라진 것이 아니라 새마을 운동과 세계화 등을 거치면서 지금까지도 그대로 이어졌다. 아무리 달려도 충족되지 않는 그 무엇을 획득하기 위해 계속 달리고 또 달리고 있다.

그러나 사회나 개인이 수용할 수 있는 속도에는 저마다의 한계가 있어서 정치적, 정책적 또는 산업적 논리를 가지고 가속페달을 밟는다고 해도 사회시스템이 그 속력을 그대로 사회 변화의 속도로 수용하지는 않는다. 기술은 가치중립적이지도 않고, 단지 기능의 유용성에 의해서만 도입되고 채택되는 것도 아니기 때문이다.

이처럼 미디어 기술과 사회 변화의 속도는 사회 내의 각기 다른 체계들의 암묵적인 협업을 통해서 통제된다. 그리고 사회 전체가 하나의 생명체처럼 유기적으로 외부 자극에 대응한다.

예를 들어 다음과 같은 상황이 있다. 인터넷이 도입되어 청소년들이 밤늦게 컴퓨터에 붙어 앉아 채팅하느라 시간 가는 줄을 모른다. 때마침 청소년 범죄가 발생했는데 조사해보니 범인은 인터넷 채팅에 빠져 채팅으로 만난 친구들과 범죄에 대한 모의를 했다는 것이다. 각 언론사의 사회부 기자들은 일제히 보도를 날린다. "사이버공간 속앓이"(≪경향신문≫, 1997.10.28), "음란 정보 범람, 청소년 멍든다. 컴퓨터 통신 비상"(≪동아일보≫, 1995.9.18) 등과 같은 신문 사회면 뉴스 기사의 헤드라인이 나간다. 이런 식의 기사 작성 관행을 두고, 올드미디어가 뉴미디어를 비윤리적이고 수준이 낮은 미디어라는 담론을 생산해왔다는 주장도 있었다(주재원·나보라, 2009: 41). 정신과 의사나 심리 상담사들이 방송에 출연해 인터넷 중독의 위험성을 경고한다. 학교 감독 기관은 초·중·고등학교에 인터넷 중독 예방에 대한 교육을 실시하도록 한다. 중학교 컴퓨터 교과서는 PC 통신을 하면서 지켜야 할 예의에 대해 일정 부분을 할애해 다룬다. 특히 욕설, 인신공격 등 불건전한 언어 사용, 저작권 침해, 컴퓨터 바이러스, 해킹, 음란물 배포 등이 언급되어 있다(양해술·소규옥, 2000). 학부모 모임과 시민 모임 등은 청소년의 접근과 범죄 유발성에 대해서 채팅 서비스를 제공하던 포털에 항의하고 대책을 촉구한다. 포털은 청소년의 일탈에 책임이 없음을 법적으로 밝히고자 준비하는 동시에 사회적 요구를 크게 거스르기는 어려워, 청소년 유해 내용 등에 대한 삭제 조처와 청소년 접근 제한 조처 등을 발표해서 건전한 사회 만들기에 최선을 다하고 있다는 것을 보여준다.

사회 각 영역의 운동 방향은 서로 다르지만 결국은 암묵적인 협업을 통해서, 미디어 기술이 우리 사회에 영향을 미치면서 파고드는 급속한 변화에 대한 '두려움'(임정수, 2005)을 통제하기 위한 힘을 모은다. 그래서 새로운 미디어 기술에 따른 급속한 변화를 두려워하는 '나의 이웃'이 '나'와 함께 살 수 있는 것이다.

미디어 기술도입과 수용의 이러한 과정은 비단 예로 든 인터넷뿐만 아니라 영화, 라디오, 텔레비전에서도 있었고 심지어 컬러텔레비전 도입에서도 나타났다. 미디어 기술 진화의 매 단계마다 기술과 사회의 상호작용 과정은 거의 동일한 구조로 반복되어 마치 기시감déjà-vu처럼 찾아온다.

일상의 경험에서 시작된 새로운 전자 미디어 기술과 서비스에 대한 두려움은 올드미디어를 통해 확산되어갔고, 그러한 두려움은 무비판적 수용에 대한 비판적 시각을 만들어냈다. 예를 들어 전화, 라디오, 텔레비전에 대한 두려움은 책이나 신문과 같은 인쇄 미디어를 통해 퍼져 나갔고, 인터넷, 스마트 미디어 등 각종 디지털 미디어에 대한 두려움은 텔레비전을 통해 퍼져 나가고 있다.

추리소설의 여왕이라고 불리는 영국의 애거사 크리스티Agatha Christie의 단편 「유언장의 행방Where there's a Will」(크리스티, 2001)은 바로 이러한 라디오 방송의 등장을 소재로 삼은 작품으로서, 이 작품을 통해 당시 사람들이 받았던 충격과 놀라움을 짐작해볼 수 있다.

이 작품에 등장하는 하터 부인은 심장이 약한 노인으로 담당 주치의에게 반드시 충분한 안정을 취하면서 기분 전환을 하라는 당부를 받는다. 이에 그녀의 조카인 찰스라는 청년은 하터 부인에게 라디오 세트를 설치할 것을 제안하지만, 그녀는 막연한 두려움 때문에 다소 망설인다. "새로 유행하는 그 물건이 내 마음에 들지 모르겠구나" 하고 하터 부인은 비참하게 말했다. "그 파장이, 그 전파 말이야. 나한테 영향을 줄지도 몰라"(크리스티, 2001: 134).

이는 새로운 '기계'의 등장에 익숙지 않은 사람들의 두려움을 표현해주는 것이라 할 수 있는데, 작품은 여기서 더 나아가 라디오 방송이 던져준 새로운 충격과 신기함을 추리극의 극적 진행 속에 끌어들인다. 결국 하터 부인은 조카의 제안대로 라디오를 설치하고 혼자 음악 방송을 듣던 중 라디오에서 이상한 목소리를 듣게 된다. 그리고 그 기계가 어딘가 아주 멀리 떨어진 곳의 전파를 받고 있다는 느낌을 받는다. 그런데 그때, 또렷하고 분명하게 한 남자가 아일랜드식 억양이 약간 깃든 목소리로 말을 하는 것이었다. "메어리(하터 부인), 내 말 들려요, 메어리? 나는 패트릭이오……. 곧 당신에게 가겠소. 준비하겠소, 메어리?"

그것은 과거 사별한 남편의 목소리였고 그녀는 자신의 남편이 이제 자기를 데리러 오기 위해 라디오 방송을 통해 목소리를 전달했다고 믿게 된다. 그리고 두려워하다 결국에는 심장마비로 사망하고 만다. 이 모든 사건은 찰스가 그녀의 유산을 노리고 꾸민 계략임이 독자들에게 드러나지만 오히려 이 작품에서 재미있는 부분은 범인이 누구인가 하는 두뇌 게임보다 라디오 방송이라는 새로운 매체의 등장에 있다고 할 수 있다.

영국에서 BBC가 라디오 방송을 개시한 것이 1922년이고 이 작품이 수록된 단편집이 발표된 연도가 1948년임을 볼 때, 사실 작가가 그 충격과 놀라움에서 깊은 인상을 받아 이 작품을 집필했다고 해도 과언이 아니다. 실제로 1920년에 ≪사이언티픽 아메리카Scientific America≫라는 과학 잡지에는 "라디오의 전파는 화성에서 오는 신호일지 모른다"는 기사가 실렸으며 다른 잡지에는 "라디오를 통해 우주와의 교신이 가능할 것"이라는 기사가 실린 것을 보면,[12] 작가가 단순히 이를 무리해서 창작했거나 과대하게 부풀린 것이 아니라 충분히 동시대인들의 공감을 자아내는 경험을 통해 쓴 작품임을 알 수 있다. 하퍼 부인이 에테르ether를 통해 죽은 남편의 목소리가 전해졌다고 믿는 것도 그 시대 사람들에게는 자신들의 경험을 통해 충분히 납득할 만한 이야기였던 것이다.

다시 1960년대 이후 새로운 미디어 이야기로 돌아와보자. 텔레비전이 보급되었을 때 사람들은 텔레비전을 '바보상자idiot box'로 부르기도 했다. '바보상자'라는 표현을 두고 두려움의 표현이라고 한다면 언뜻 와 닿지 않는 독자들도 있겠지만 분명한 것은 텔레비전에 대한 친밀감이나 애정의 표현은 아니라는 점이다. 문화 연구가들은 텔레비전이 가족의 저녁시간에

---

12 동아닷컴, ≪주간동아≫, http://www.donga.com/docs/magazine/weekly_donga/news292/wd292jj030.html

대한 전통적인 관념을 해체시켰다는 주장도 한다. 예를 들면 저녁시간에 텔레비전 앞에 둘러앉은 가족들은 가족 내 서열에 관계없이 동일한 프로그램에 대한 유사한 수준의 욕망을 드러냈다. 텔레비전은 전례 없이 가족을 강조한 미디어였다. 그러나 아이러니하게도 텔레비전 앞에서 가족 구성원들은 전통적인 가족 관계의 변화를 경험하게 되었다.

이러한 변화에 대한 두려움은 직접적으로 표출되기보다 가족 내 약자들에게 왜곡된 방법으로 표출되었다. '바보상자'는 바로 그러한 왜곡된 두려움 표출의 전형이다. 이런 것을 오래도록 보고 앉아 있으면 정상적으로 사고하기 어렵고 공부에도 방해가 된다는 것이다. 그 표현은 텔레비전을 통해서 얻게 되는 정보와 여가 사용 등의 이점보다는 획일화·단순화·시간 소비·예의 없음 등의 문제점을 내포한다.

전자 매체 도입에 수반되는 두려움은 다양한 방식으로 표출되었는데, 흥미로운 점은 신체적·정신적 건강에 대한 두려움으로 표출되는 사례가 많았다는 점이다. 이러한 현상은 한국만의 특징적 현상이 아니라 다양한 시대와 문화를 아우르는 보편적 현상으로 보인다. 19세기 말 미국에서는 전화벨 소리가 신경증을 유발한 사례들이 보고되었다. 전기를 이용한 매체가 보급되면서 사람들이 전기의 혜택에 열광하는 가운데, 감전사고와 같은 전기의 위험도 강조되었다. 전기 기술이 대중화되던 19세기의 전문가들이 전기의 물리적 위험보다 그러한 과장과 오류를 유발시키는 언론의 무지를 더 심각한 사회적 위험으로 지적한 대목은 흥미롭다(Marvin, 1988: 121~122).

텔레비전의 보급이 시작되면서 어린이와 청소년들에게 텔레비전을 가까이에서 보거나 너무 많이 보면 시력이 나빠진다는 주의를 주게 되었다. 텔레비전 시청과 시력의 상관관계는 상당히 모호하다. 물론 가정용 안테나에 의존해서 지상파 신호를 잡아 화질이 고르지 않고 거칠었던 아날로그 텔레비전 시대에, 화면 가까이에 앉아 주야장천 텔레비전만 보고 있다면 시력에 악영향을 줄 수 있겠지만 대체로 시력은 유전적으로 결정된다. 물론 텔레비전, 컴퓨터, 스마트 폰 등의 과다 이용이 시력에 악영향을 미치는 측면을 완전히 부정할 수는 없다. 그래서 새로운 미디어의 과다 이용에 따른 시력 문제 제기는, 아무것도 아니라고 무시되지 못하고 새로운 미디어 기술에 대한 두려움을 조성할 수 있는 것이다.

또 한 가지 유사한 경우는 바로 기기 폭발에 대한 두려움이다. 흑백텔레비전 브라운관의 폭발, 휴대전화 배터리의 폭발 등이 그 대표적인 예이다. 당시 텔레비전 브라운관의 폭발과 관련한 잦은 뉴스 보도는 그러한 폭발이 실재했음을 말해준다.

> TV 수상기의 브라운관은 외부로부터 충격을 받지 않는 한 폭발할 수 없다. 입력 전압이 1백 볼트를 초과해 TV 세트에 흘러들어 가더라도 TV 세트 안에 장치된 퓨즈(1~2)가 있기 때문에 강전을 막는다. 이때 TV 세트의 다른 부품이 불타거나 손상되는 경우는 있으나 브라운관이 폭발하는 예는 없다. 이번 사고도 폭발이 아닌 발화사고 같다.
>
> (≪중앙일보≫, 1978년 3월 4일)

실제 브라운관과 휴대전화 배터리 폭발을 다룬 뉴스 보도는 미디어 기술 채택에 대한 두려움의 조성이라는 측면에서 이해되기보다는 단순한 사실 보도로 보일 수도 있다. 그러나 이러한 사건이 실제로 발생하지 않았다면, 두려움이 제대로 형성되지 못했을 것이다.

다음과 같은 신문 사설 내용 중 발췌한 부분을 보자.

> 나라 전체가 대중문화의 흥행장으로 변하면서도 문화 의식은 좁아 …… 대중들이 문화의 창조자가 아니라 단순한 소비자로 전락.
>
> (≪조선일보≫, 1971년 12월 30일)

이것은 언론이 새롭게 도입된 흑백텔레비전을 두고 쓴 우려의 글이다. 이러한 우려는 미디어 기술 활용에 대한 억압 기제로 작용해, 미디어 기술 도입을 추진하던 정치 세력이 의도한 운동 방향과는 외형적으로 볼 때 반대로 작용하기도 했다. 한국에서 컬러텔레비전 방송의 도입도 흑백텔레비전 도입처럼 정치적 배경을 간과해버리면 파악하기 어려운 면이 있다. 둘 다 정권 장악 이후 민심 동요를 억제하려는 군부 정권의 주도로 빠른 속도로 진행되었다는 공통점이 있기 때문이다. 그러다 보니 다른 국가에 비해서 미디어 도입을 정치적으로 해석하는 접근이 상당히 설득력을 얻게 되었는데, 문제는 정치적 해석이 너무 지배적이어서 새로운 미디어 도입과 채택 과정의 다른 면을 보지 않게 되었다는 점이다.

컬러텔레비전 도입 역시 정치적 맥락에서의 해석이 일반적으로 수용되고 있으며 역사적 배경을 볼 때 그러한 접근에는 충분히 타당성이 있다. 1980년에는 당시 문화공보부 장관이 1980년 12월 1일부터 KBS-TV 컬러텔레비전 시험 방송을 실시한다고 발표했다. 1980년 12월 22일에 컬러텔레비전 방송이 허가되었고, 1981년 1월 1일부터 전국적인 컬러텔레비전 방송이 시작되었다. 또 KBS가 컬러텔레비전 시험 방송을 하기 직전인 1980년 11월 14일에는 언론 통폐합 정책이 발표되어 기존의 KBS-TV는 KBS 1TV로, TBC는 KBS 2TV로 편입되었고 MBC는 전국 가맹사의 주식을 각각 51% 이상 인수하여 모든 가맹사를 계열화했다.

1978년 8월 28일 정부는 컬러텔레비전 방송을 앞두고 국산 컬러텔레비전의 국내 시판을 1979년 하반기부터 허용하기로 했지만, 1979년 10·26 박정희 대통령 시해 사건을 시작으로 정국이 시끄러워진 탓에 1980년 8월로 시판이 연기되었다. 1980년 6월에는 컬러텔레비전 방식을 미국이 채택한 NTSC 방식으로 확정했다. 1980년 12월 1일 오전 10시 30분, 수출의 날 기념식 중계방송을 시작으로 컬러텔레비전 방송 시대가 열렸다.

새로운 미디어의 도입 결정이 정권의 결정에 따른 것인 반면, 도입된 미디어의 영향에 대한 통제는 정치권력이 아닌 사회 전반의 여러 영역에서 다양한 각도로 이뤄졌다. 새로운 미디어 기술의 급진성에 대한 억압 기제는 오히려 일상적 삶 속에 내재되어 있었다고 봐야 한다. 정부 주도의 새로운 미디어 기술 개혁하에서 일반 시민들은 개혁을 수용했지만, 다른 한편으로는 급진적 변화에 대한 두려움을 떨칠 수가 없었다.

미디어 기술 수용에 대한 잠재적 급진성의 억압이 기득권층을 중심으로 형성될 것이라는 생각은 이론적으로 설득력이 있지만, 사실 미디어 기술 수용 과정에 대한 일상사적 접근을 해보면 일반 시민들에 의한 억압 메커니즘도 매우 활발하게 작동했음을 알게 된다.

1971년 유학생 간첩단으로 투옥되었다가 전향을 거부하고 17년을 복역한 서준식 씨가 1971년부터 1988년까지 가족과 친지에게 보낸 편지를 엮은 『서준식 옥중서한』에서 1984년 12월 15일 자 고모에게 보낸 편지를 보면 다음과 같다.

고모는 어린이 이야기를 많이 공부할 필요가 있습니다. 그 이유는 첫째, 요즘 컬러텔레비전은 조그만 어린이들에게 해롭다는 점입니다. 그 방정맞은 광고들이나 유행가나 사람이 새빨간 피를 흘리면서 죽어가는 장면들이 해로운 것은 말할 것도 없고, 정신없이 뒤바뀌어가는 텔레비전 화면을 따라가는 습관을 가지게 된 아이들은 자연 성격이 차분하지 못하고 무엇이든 자신의 머리로 생각하지 않게 됩니다. 거기에 비해 옛날이야기나 동화는 어린이들을 착한 아이로 키워주는 힘이 있습니다. 그것은 어떤 동화나 어떤 옛날이야기도 착한 일을 권장하고, 끝장에 가서는 욕심쟁이나 나쁜 사람들이 반드시 망하게 되는 내용이기 때문입니다.

언론계, 교육계 등 지식 계층은 텔레비전 방송 도입에 즉각적이고 빠르게 반응했다. 이는 그들이 기존 문화와의 단절에 가장 민감하게 반응하는 계층임을 보여주었다. 지식 계층은 기술 개혁의 원동력이자 주체로서 역할을 수행하면서도, 기술의 급진적 영향에 관해서는 매우 단호하고 집요한 태도를 보이는 이중적 입장을 보였다.

기술은 일단 도입되고 나면 최초의 의도나 취지대로 발전하는 것이 아니라 끊임없는 조정 과정을 거치며 변모해나간다. 랭던 위너 Langdon Winner

는 기술의 생성과 사용을 구분하여, 과학자들이 기술을 만들지만 그 기술의 사용은 사회의 요청과 필요에 따라 결정된다고 보았다(Winner, 1986: 5; 윤태진·이창현·이호규, 2003: 180). 그러한 과정에서 정치적 목적으로 도입된 미디어 기술을 활용한 일반 시민들의 역습은 언제든 가능해진다. 그러한 점에서 정치권력도 그들이 의도하지 않은 미디어의 활용에 대한 통제를 필요로 한다.

'바보상자'라는 표현에 담긴 복잡한 감정은 정치적 의도와 일치점을 찾으면서 텔레비전 방송과 관련한 각종 정책에 반영되어왔다. 예를 들면 텔레비전 방송이라는 기술을 사용할 때, 방송법과 방송심의규정을 통해서 방송의 공익적 역할을 사회적으로 위임받은 방송사는 주 시청 시간대에 일정 수준 이상의 오락 프로그램을 편성할 수 없으며, 예의 바른 언어를 사용해야 하고 편중되지 않는 의견을 전달하는 데에 주의를 기울이도록 제도화되었다.

05
아톰 대 비트

단절의 두려움과 고착의 두려움은 미디어의 오래된 역사책에서만 끄집어낼 수 있는 이야기가 아니다. 단절의 두려움과 고착의 두려움은 인터뷰와 자료 조사에서도 드러났고 인터넷, 모바일 미디어, IPTV 등 비교적 최근의 IP 기반 디지털 미디어의 도입·채택 과정에서도 뚜렷하게 드러났다. 두려움은 때로 표면적으로 나타나기도 했지만 많은 경우에는 매우 은밀하게 만들어지고 퍼져 나갔다. 물질의 시대인 아톰atom의 시대를 지나 정보의 시대인 비트bit의 시대로 들어서면서 두려움의 양상이 점점 다양해졌다.

가치관의 위기

새로운 미디어 기술도입이 초래한 전통적 가치관의 변형에 대한 대응은 시민의 자발적인 사회운동에서도 엿볼 수 있다. 소프트웨어의 불법 사용, 복제, 암거래, 아이디 도용, 해킹, 통신상 성희롱과 음란물 유포 등에 대한 감시와 고발 등 사이버 공간 청소에 나선 청소년들의 활동이 소개되기도 했다(≪한겨레신문≫, 1997.12.16).

가치관의 변화에 대한 두려움은 기존 가치관의 우월성을 강조하는 형태로 나타나기도 한다.

아직까지 현실에서 아날로그가 중심을 이루며, 현실의 권력관계가 아날로그를 중심으로 이뤄지고 있기 때문이다. 아톰과 DNA의 세계는 비트의 세계보다 우월하다. 아톰 없는 비트는 존재 불가능하다. 비트의 실체도 따지고 보면 아톰인 것이다.

(≪한겨레신문≫, 1997년 5월 11일)

단절의 두려움에 대한 대응은 단절적 변화의 가능성을 억압해 기존의 질서와 새로운 질서가 공존하는 기간을 늘려서, 미시적 차원에서 단절적 역사 경험의 충격을 완화시키는 형태로 나타났다. 그 대응은 기존의 가치에 의미를 부여하는 것이 핵심이며 때로는 전통적 가치의 교육과 같은 소

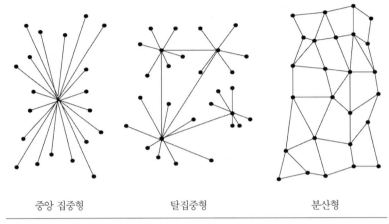

그림 3-1 네트워크 유형

| 중앙 집중형 | 탈집중형 | 분산형 |

자료: Barabasi(2002: 145).

극적인 방법으로, 때로는 검열과 같은 적극적인 방법으로 나타났다.

새로운 매체를 향한 두려움에 찬 시선은 금속활자 기술로 인쇄된 책자가 나왔을 때에도(Briggs and Burke, 2002; Eisenstein, 1979), 전화가 처음 울리기 시작했을 때에도(이상길, 2002: 136; Marvin, 1988: 85~91) 발견되었다. 이때의 두려움은 새로운 것을 접할 때의 일시적인 낯섦으로 볼 수도 있지만 과거의 어떤 두려움들은 현재에도 사라지지 않고 있다. 이미 앞에서 흑백텔레비전 브라운관 폭발 사고의 두려움과 휴대전화 배터리 폭발 사고의 두려움 간의 유사성을 이야기한 바 있다.

인터넷이 단순 정보처리 기능을 하던 로컬 컴퓨터들을 연결시키기 시작했을 때에도 정보화 사회의 어두운 면에 대한 두려움이 있었고, 그 두려움의 상당 부분은 인터넷 실명제, 성인 인증제, 청소년 심야 온라인 게임 접속 제한 등의 규제로 나타났다. 인터넷에 대한 이러한 두려움은 사람들마다 인터넷에 접속할 수 있는 수단을 한두 가지 이상의 방법(유선, 3G, wi-fi, 케이블 TV, IPTV 등)으로 가진 미래에도 계속될 것으로 보는 것이 타당하다.

기술적 차원에서 볼 때 인터넷에는 네트워크의 각 노드node가 대등한 관계로 연결되고 커뮤니케이션해서 완전 분산화를 초래할 급진성이 내재한다. 전통적인 미디어와 비교해서 인터넷이 분화된 네트워크로 보일 수도 있지만 다시 들여다보면, 네이버, 다음, 구글, 야후 등 대부분의 주요 포털을 통해서만 인터넷상의 다른 노드에 도달할 수 있다는 것을 알게 된다. 이러한 '인터넷에 내재된 급진성에 대한 두려움'은 폴 배런Paul Baran이 1964년에 고안한 '분산형 네트워크'에 변화를 주는데, 기술의 방향성과 속도 측면에 제동을 가해서 완전한 중앙 집중형과 완전한 분산형의 절충적 형태인 탈집중형 네트워크 형태로 중재하는 역할을 수행한다.

새로운 매체는 더 멀리, 더 넓게, 더 깊게 상호작용적 커뮤니케이션을 하려는 인간의 오래된 욕망을 기술에 반영하면서 세상에 등장하지만, 그때마다 두려움을 수반했다는 점은 지적 흥미를 불러일으키기에 충분하다. 어떤 두려움은 시간이 흐름에 따라 기우로 끝나기도 하지만, 어떤 두려움은 한 매체의 성숙기에 이르러서도 완전히 사라지지 않고 상당 부분 현실로 나타나기도 한다. 단순히 새로운 매체의 긍정적 측면을 부각시키는 기술 낙관론으로 물리칠 수 있는 그런 두려움이 아니다. 또 이 두려움은 새로운 매체가 유발할지도 모르는 사회적 문제에만 국한된 것이 아니라, 개인의 일상생활에 이르기까지 광범위하게 나타나는 현상이어서 더욱 흥미를 불러일으킨다. 따라서 새로운 미디어 기술의 도입·수용·수정·폐기 등의 전 과정에서 '두려움'은 미디어 기술 관련 정책뿐 아니라 이용자 개인의 일상에도 깊이 개입되어 있다는 점에 주목해야 한다.

스마트 폰으로 SNS를 이용하는 젊은 대학생들은 비교적 새로운 미디어에 거부감이 덜한 세대이다. 이들은 새로운 것에 열려 있고 새로운 디지털 미디어와 그것을 통한 서비스를 특별히 배우는 과정 없이도, 직관적으로 잘 이용할 수 있는 적응도가 높은 연령대이다. 그런 연령대에서도 새로운 커뮤니케이션 방식을 채택하면서 기존 방식과의 충돌을 경험하고 있으며, 새로운 방식이 기존의 방식을 대체하는 데에 한계가 있다고 진술했다.

팀플(팀 프로젝트) 회의는 카카오톡에서 열리곤 한다. 단체 채팅이 가능하기 때문에 팀원의 수가 몇이 되었건 간에 회의 진행이 가능하다. 그 편리함은 부정할 수가 없다. 하지만 잠깐 한눈을 팔면 엄청난 양의 오간 대화들을 다시 다 읽어봐야 하고, 회의에 대한 생산성을 창출하기가 쉽지 않은 것이 사실이다. 카카오톡에서 열 번 만나느니 오프라인에서 두어 번 만나는 것이 훨씬 효율적이라고 생각하는 내게는 '카카오톡 감옥'이라는 소리가 괜히 나온 것이 아닌 것 같다. 잠깐이나마 휴대폰에서 벗어나고 싶어도 벗어날 수 없는 그런 상황들 말이다. 스마트 폰이 주는 편리함, 그리고 그 안에서 오가는 그리 생산적이지 않은 일회성 대화들은 마치 동전의 양면과도 같다.

(이희연 씨 인터뷰)

신구 미디어 산업의 갈등

개인뿐 아니라 전반적인 산업 차원에서도 새로운 미디어 도입은 기존의 산업구조와 질서에 대한 위협을 의미했다. 미디어 산업에는 언제나 수많은 기술혁신, 인수 합병, 새로운 서비스 개발 등이 이어지는데, 최근 10년 간 미디어와 관련된 사건들 중 미디어 산업의 국면을 바꾼 주요 사건으로 2005년 유튜브, 2006년 트위터, 2008년 7월 애플 앱스토어app store 출범을 들고자 한다. 최근 20년으로 기간을 길게 보더라도 주목할 만한 사건 세 가지는 역시 이 사건들일 것이다. 한국 미디어 산업을 놓고 봐도 이 세 개의 사건들 중 다른 것으로 대체할 것이 별로 없다. 한국에서 새로운 미디어 플랫폼을 도입할 때마다 기존 미디어 업계와의 갈등과 정책적 우유부단함 등으로 큰 진통을 겪었다. 이와 달리 요란스럽지 않게 슬며시 우리 미디어 시장에 들어와서 전체를 흔들어놓은, 이 세 가지 사건들을 가장 중요한 사건들로 꼽는 데에 필자는 주저하지 않는다.

한국에서 1990년대 중반 케이블방송이 도입되고 2000년대 전반기에 위성방송, 위성 DMB, 지상파 DMB, 2000년대 후반기에 IPTV 등이 도입되었지만, 새로운 미디어 플랫폼의 진화가 미디어 산업 시스템에 근본적인 변화를 초래하지는 않았다. 물론 새로운 미디어 플랫폼이 도입될 때마다 시장에서 작은 변화가 일어났으며, 새로운 서비스의 전도사들은 기존의 미디어와 무엇이 다른지를 각인시키기 위해서 매번 새로운 개념을 제시했다. 그러나 지상파 네트워크의 압도적인 시장 통제력은 크고 작은 사건들의 여파를 상쇄시켜버렸다. 다시 말해 지상파 네트워크의 영향력에는 큰 변동이 없었고, 신규 플랫폼들의 경쟁은 매우 치열해 저가 경쟁으로 인한 자멸적 상황으로 치닫기도 했다.

유튜브, 트위터, 애플 앱스토어는 해외에서 시작된 사건들이지만 국내의 어떤 사건들보다 한국 미디어 산업에 더 중대한 영향을 미쳐서 글로벌

시스템의 중요함을 실감케 했다. 유튜브는 생산의 주체를 주류 미디어와 기업형 제작사 중심에서 이용자로 확장시켰다는 점에서 특별히 주목할 만한 가치가 있다. 이용자를 미디어 콘텐츠 생산의 주요한 주체로 부각시킨 것은, 미디어 산업의 공급 사슬 형태를 선형에서 순환형으로 바꿔놓는 결정적 계기가 되었다. 이용자들은 주류 미디어 콘텐츠를 나름대로 분해하고 재구성하고 변형해서 유포했고 스스로 생산한 콘텐츠를 유튜브와 같은 글로벌 네트워크를 통해 유포했다. 주류 미디어에 의해 생산된 콘텐츠가 최종 소비자에게서 소비되면서 소멸되지 않고, 새로운 콘텐츠의 생산과 유통으로 이어지는 순환 구조가 마련된 것이다.

트위터는 기존의 미니 블로그와 메신저 등의 기능을 효과적으로 통합한 형태로 볼 수 있는데, 인터넷상에 접속한 누구와도 연결될 수 있는 매우 간단하고도 강력한 기능의 서비스를 제공했다. 트위터에서는 콘텐츠의 생산자와 소비자가 선형적으로 네트워크 되어 있지 않고 총체적인 holistic 관계를 형성한다. 이는 선형적인 전통적 커뮤니케이션 모델을 완전히 바꿔놓은 SNS 모델의 잠정적인 완성본으로 볼 수 있다.

애플 앱스토어는 그 자체가 미디어 플랫폼이라기보다는 콘텐츠 마켓의 기능을 하는데, 이는 이용자가 자신에게 맞는 콘텐츠로 스마트 미디어를 구성할 수 있게 하여 스마트 미디어가 맞춤형 플랫폼으로 기능할 수 있게 하는 결정적 계기가 되었다. 아이폰의 최초 모델은 큰 반향을 불러일으키지 못했지만 2008년 7월 출시된 아이폰 3G는 앱스토어와 함께 출시되면서 미디어의 판도를 완전히 바꿔놓았다. 스마트 폰 이용자는 앱스토어에서 원하는 애플리케이션을 유·무료로 구입함으로써 각자 자기만의 플랫폼을 구축할 수 있게 되었다. 기존의 어떤 새로운 미디어 형태에서도 시도되지 못했던 아이디어였다. 아이폰 3G 출시에 새벽부터 가게 앞에 길게 줄을 서서 기다리는 소비자들이, 표면적으로는 스마트 폰 단말기에 열광하는 듯 보였지만 실상 그것은 단말기가 아니라 스마트 폰을 스마트하게 만드는 앱스토어의 존재에 열광하는 것이었다.

기술적 측면에서 보면 지금 본 사건들은 케이블방송이나 위성방송과 같은 하드웨어적인 변화가 아닌 소프트웨어적인 변화에 해당한다. 유튜브, 트위터, 앱스토어는 전국적인 망을 새로 설비해야 하는 번거로움이나 비용이 들어가는 일 없이 기존의 인터넷망을 기반으로 서비스되는 소프트웨어 수준의 변화이다. 그런데도 이런 새로운 미디어 서비스들은 한국 미디어 산업의 생산·유통·소비의 구조를 바꿔놓는 데에 결정적인 역할을 했다. 이것이 바로 지난 20여 년간 미디어 플랫폼의 진화 중에서 이 글이 표면적으로 시끌시끌했던 사건들을 뒤로하고 이 세 사건에 주목하는 이유이다.

케이블방송, 위성방송 등 새로운 미디어 산업의 등장에도 큰 동요를 보이지 않던 지상파 텔레비전 산업은 IP 기반 미디어가 출현한 2000년대 후반부터 크게 동요하기 시작했다. IP 기반 미디어 서비스들은 벤처 venture 로 시작해 주목받았고, 어느 순간 폭발적으로 이용자가 늘어났다. 유튜브의 예가 보여주듯이 기존 미디어들이 미처 대처하기도 전에 그들은 상대하기 벅찬 거대한 몸집을 가지게 된다. 기존 미디어 기업들은 새로운 미디어 방식의 도전에 대해 처음에는 정책 결정 과정에 영향력을 발휘하거나 법적인 소송을 준비하는 등 방어적 태도를 취하지만 결국은 전략적인 제휴를 통해서 서로의 위상을 인정하고 실리적인 접근을 하게 된다(임정수, 2007:

255~286). 그러한 조정 기간을 거치면서 신흥 벤처는 기존의 대형 미디어 기업과 제휴를 하기도 하고 기업 인수 합병을 하기도 한다. 이 과정 속에서 기존의 미디어 기업은 도태되기도 하지만 위협을 새로운 성장의 계기로 삼아 스스로 진화의 길을 택하기도 한다.

요금 폭탄

통신 요금은 모바일 미디어 이용과 서비스 이용의 걸림돌이었다. 모바일 서비스의 경우에는 통신 서비스와 인터넷 와이파이에 따른 두 가지 방법으로 접속되므로, 와이파이가 통하지 않는 지역에서는 통신 서비스로 전환되어 비싼 요금이 적용된다. 대체로 정액제 요금을 사용하지만 게임, 동영상 등을 이용하면서 약정 용량을 넘기면 요금 폭탄을 맞게 된다.

더 이상 MP3가 필요 없어졌다. 평소에 음악을 듣는 것을 좋아하는 편인데 스마트 폰을 이용하고 난 뒤부터는 USB에 다운로드 받을 필요 없이 바로 다양한 음악을 즐길 수 있었다. 동생이 "누나, 요금 폭탄 안 맞도록 조심해. 내 친구도 아무 생각 없이 음악을 듣다가 요금 20만 원 넘게 나왔대"라고 겁을 줘서 한동안은 음악을 다운받아서 들었다. 멜론을 처음 켜면 "3G로 사용 시 요금이 부과될 수 있습니다"라는 창이 뜨는데 왜 그리 무섭게 느껴지던지. 그 창만 나오면 바로 화면을 껐던 것 같다. 데이터 무제한 요금제를 정확히 몰랐기 때문에 데이터를 제한해서 사용한 사람들은 요금이 많이 나왔던 것이다. 와이파이가 뭔지, 3G가 뭔지, 스마트 폰 이용에 대한 무지함에서 비롯된 일이었다.

(최화연 씨 인터뷰)

이런 일은 전화 모뎀을 연결해서 사용하던 PC 통신 시대에도 있었다. 모뎀을 통해서 게임을 하거나 채팅을 하면 그 사용 시간에 따라 전화 통화료가 유선전화의 요금 고지서에 부과되어 나왔다.

사촌 오빠   유니텔을 방황하다가 머드 게임의 세계에 빠져들기도 했어. 순전히 텍스트로만 게임의 모든 것이 만들어져 있었어. 내가 즐긴 게임으로는 SF1999, 퇴마 요새, 미르의 전설 정도였어. 특히 SF1999는 최초로 접한 머드 게임이자 최고의 게임이었어. 화려하면서도 눈이 아프지 않게 적절하게 꾸며진 텍스트와 지도 시스템이 있었지. 지금 생각하면 문자밖에 없는 게임에 왜 그렇게 미쳐 있었냐고 할지도 모르겠지만 상상의 나래를 펼치며 게임을 시작하면 어느새 나도 모르게 빠져들었어. 중독성은 진짜 최고였어. 하지만 그 대가는 너무 컸어. 분당 20원씩 하던 게임비는 감당하기가 힘들었지. 요금이 나올 때마다 많이 맞기도 했고, 빌기도 했어.

(최화연 씨 가족 인터뷰)

오작동과 바이러스 공포

최완희 씨 가족은 인터뷰에서 2000년 신년이 시작되면 컴퓨터가 2000년을 인식하지 못해 여러 가지 오작동이 발생할 수 있다는, 일명 'Y2K'에 대한 우려가 전 세계적으로 일어났고, 당시 일부 사람들이 라면 사재기를 하는 등 민감하게 대응했음을 진술했다. 최완희 씨 가족에게는 별일이 일어나지 않았지만 사회적으로 상당한 불안이 야기되었음을 기억해낸 것이다. 당시의 신문 보도도 이러한 상황을 보도하고 있다.

테러 우려, 각국 경계령

밀레니엄 이브에는 축제만 열리는 게 아니다. 각국 정부는 테러와 소요사태 Y2K(컴퓨터의 2000년 연도 인식 오류)를 우려한 시민의 혼란, Y2K 관련 컴퓨터 바이러스의 등장을 우려하며 대비에 부심하고 있다. Y2K 문제로 물품 공급이 중단될까 봐 생필품과 비상 약품을 사재기하는 등 시민 생활의 혼란도 예상된다. 영국 런던에서는 몇 주 전부터 생필품 사재기가 잇따르고 있다.

(≪동아일보≫, 1999년 12월 21일)

1900년 1월 4일 소환장

수원지법이 민사사건 피고인 170명에게 2000년으로 예정된 재판 기일을 1900년으로 잘못 인쇄한 소환장을 보낸 것으로 밝혀져 법원의 Y2K 대비에 허점이 드러났다.

(≪한겨레신문≫, 1999년 12월 31일)

컴퓨터 2000년 인식 오류(Y2K) 문제와 관련해 예년보다 하루 앞선 30일로 올해 영업을 마감한 시중은행 영업점 일선 창구는 예년보다 2배 이상 고객이 몰렸다. 특히 일부 고객은 정기적금 만기액 1억 원 전액을 현금으로 찾아가는 등 고액 인출자도 적지 않았으며, 현금 수요도 예년보다 두 배가량 늘었다.

(≪매일경제≫, 1999년 12월 31일)

새로운 기기를 사용할 때의 오작동과 고장에 대한 두려움도 채택에 걸림돌이 되었다. 텔레비전과는 달리 초창기 PC는 도스dos나 초기 윈도 시스템과 컴퓨터에 대한 지식이 어느 정도 있어야 사용할 수 있었던 관계로 기기의 오작동과 고장에 대한 두려움이 상당히 컸다. 이러한 오작동과 고장에 대한 두려움은, 특히 가정 내 여성과 어린아이에게 컴퓨터 접근에 대한 두려움을 키웠고 그들의 미디어 채택을 지연시키는 억압 장치로 작동했다. 서진이 씨가 들려준 이야기는 특별한 이야기가 아니라 컴퓨터 이용 초기에 많은 가정에서 일어났던 상당히 보편적인 일이었다.

> 가끔 인터넷의 필요성을 느꼈으면서도 왠지 나와는 별개의 것이라고 생각했다. 아이들이 인터넷을 쓰면서 게임을 하고 공부를 하는 모습을 보아서인지 내가 이용할 수 있는 것은 없을 것 같다고 생각했다. 인터넷을 시작한 지 얼마 되지 않았을 때 다음Daum에서 뉴스를 보다가 실수로 무슨 버튼을 눌렀는지, 갑자기 이상한 화면이 뜨면서 광고 글 같은 것이 화면을 채웠다. 끄는 버튼도 없고 화면은 계속 나와서 당황스러웠고, 땀이 온몸에서 나오는 것 같았다.
>
> [서진이 씨 어머니(50대) 인터뷰]

스마트 폰이 나왔을 때에도 일시적으로 새로운 유형의 기기 이용에 대한 긴장이 발생했다. 아이폰 3G 이후 애플의 아이폰을 구입했을 때 사용 설명서가 없었다. 기기 전면에는 단지 한 개의 버튼만이 있을 뿐이었다. 이용자들은 터치 화면을 통해 조종하면서 직관적으로 기기 사용법을 터득해야 했다. 아이폰 초창기에는 아이폰 서비스를 제공하는 통신사들이 나서서 아이폰 사용 설명회를 하기도 했다. 아이폰 사용에서 가장 흔히 발생했던 오작동의 예로는 실수로 터치해 전화가 잘못 걸리는 경우, 전화 통화의 종료 버튼을 누르지 않아서 통화가 끊어진 줄 알고 계속 둔 경우 등이 있다. 이것은 기존의 휴대전화 사용법이 적용되지 않은 것에 따른 마찰과 긴장이었다.

06
아듀! 아날로그

사악한 질문

미디어 기술을 채택하는 과정에서 일반인 참여의 부재는 기술 그 자체와 기술의 영향에 대한 두려움을 증폭시킨다. 미디어 기술이 점차 상식적인 과학 지식으로는 이해할 수 없는 수준으로 복잡해지고 어려워지면서, 일반인들은 새로운 기술의 진보와 도입, 그리고 그와 관련된 정책 과정에 대한 기본적 이해조차 할 수 없게 되었다.

정책 결정 과정에서 공식적 논의의 통로는 열려 있지만 실제로 일반 시민들이 기술 정책의 과정에 의견을 개진하고 적극적으로 영향을 미치기는 용이한 일이 아니다. 또 그러한 공식적 참여 통로는 형식적 합리주의에 불과하다. 정책 결정 기관과 관련자들은 일반 시민들이 정책 과정에 조금도 관여하지 못할 것이라는 사실을 아주 잘 알고 있다. 미디어 기술은 일반 시민들의 삶에 매우 직접적으로 파고들어 오는 데 반해, 정작 일반 시민들이 도입과 정책 과정에서 무슨 일이 일어나고 있는지 알 수 없다는 것은 그 일에 대한 통제력이 없다는 것을 뜻한다. 그로 인해 일반인들은 미디어 기술에 대한 환상뿐 아니라 두려움도 동시에 갖게 되었다.

흑백텔레비전을 도입할 때도, 컬러텔레비전을 도입할 때도, DMB를 도입할 때도 일반 시민들은 표준 방식은 말할 것도 없고 도입 시기, 도입 속도 등 그 어느 것 하나에도 입을 열지 못했다. 표준 방식은 워낙 전문적 지식이 필요한 영역이라서 일반 시민들이 관심조차 가지기 어려웠다. 도입 시기와 속도는 대개 관련 기업들의 이해관계와 정치적 이해관계 속에서 결정되었다. 때로는 기술이 마련되었는데도 정책적 미결정 상태가 지속되어 도입되지 못하기도 했고, 때로는 무리해서 시기를 잡아 미디어 기업은 물론 시민들까지 당혹스럽게 만들기도 했다.

지상파 텔레비전 방송의 디지털 전환은 그 대표적인 사례가 될 것이다. 지상파 디지털 방송의 표준을 결정하지 못해 참으로 긴 시간이 허비되었다. 반면 아날로그 송출 중단 시점을 2012년 12월 31일로 정한 것은 지나치게 단호한 결단을 보인 사례로 모두를 당혹스럽게 했다. 중단이 결정된 2008년 3월 당시 디지털텔레비전 수상기 보급률은 30% 안팎이었다.

지상파 텔레비전의 디지털 전환을 결정하는 정책적 과정은 험난했다. 1997년 11월에 이미 디지털텔레비전 전송 방식을 미국식인 ATSC로 결정한 바 있었다. 그러나 조기 결정으로 인한 논란이 계속되었고 2000년대 전반부 내내 디지털 지상파 텔레비전 방송 전송 방식을 미국식으로 하느냐 유럽식으로 하느냐를 놓고 정책적 갈등을 빚었다. 방송위원회는 결정을 계속 미루다가 2004년 7월에 이르러서야 미국식으로 최종 결정함으로써 논란을 종식시켰다.

그리고 2008년 3월에 이르러서야 '지상파 텔레비전 방송의 디지털 전환과 디지털 방송의 활성화에 관한 특별법'을 제정하면서 2012년 12월 31일

표 3-1	지상파 디지털 전환 추진 경과
1997.11	지상파 디지털텔레비전 전송 방식을 ATSC(미국식)로 결정
2001.10	수도권 디지털 지상파 텔레비전 방송 개시
2004.7	ATSC(미국식) 전송 방식으로 확정 지음으로써 논란 종식
2004~2006	디지털 방송 전국 확대
2008.3	'지상파 텔레비전 방송의 디지털 전환과 디지털 방송의 활성화에 관한 특별법' 제정
2008.7	동법 시행령 제정
2008.7	디지털 튜너 내장 의무 부과 고시(29인치 이상 텔레비전)
2008.9	지상파 아날로그 방송 종료 안내문 부착에 관한 고시
2009.6	'디지털 전환 활성화 기본 계획' 수립
2010.1	고화질 디지털 방송 프로그램의 편성 비율 의무 고시
2010.9	아날로그 텔레비전 방송 종료 일시 확정(2012.12.31. 오전 4시)
2011.6	제주도 지상파 아날로그 텔레비전 방송 종료
2011.12	수도권 아날로그 직접 수신 가구 대상 자막 고지 방송(KBS 1TV) 시범 실시
2012.12	지상파 아날로그 송출 중단

이내 아날로그 방송을 중단할 것이라고(특별법 제7조) 법으로 명시함으로써, 지상파 디지털 전환에 대한 정책적 정리를 마무리했다.

관계 부처와 방송사 담당자들이 수차례 해외 시찰과 헤아릴 수 없이 많은 세미나와 토론회를 거쳤지만, 논쟁의 핵심은 미국식이냐 유럽식이냐 하는 디지털 방식에 관한 것과 신규 주파수와 기존 아날로그 주파수 대역의 사용권에 대한 것이었다. 간혹 세미나 토론자들 중에는 디지털화가 너무 맹목적이지 않은지, 수용자 복지의 측면이 간과되지 않았는지 등을 지적하기도 했지만 그러한 주장들은 정책 세미나의 모양새를 갖추게 하는 장식에 불과했다.

　10여 년 전 어느 날의 에피소드를 하나 들려주고자 한다. 2000년대 초반 한국의 미디어 정책 관계자, 방송사, 전자 업체 등의 관련 업계와 언론학, 방송 공학 등의 관련 분야 학자들은 지상파 디지털텔레비전 방식을 미국식으로 할지 유럽식으로 할지를 두고 장고長考를 하고 있었다. 장고라기보다는 정책 기관이 결정내리지 못한 채 긴 시간이 흐르는 동안 관련 학자들이 논의에 계속 동원되었다고 볼 수 있다. 사실상 1997년에 이미 미국식으로 결정된 터였지만 결정이 성급했다며 재논의가 시작되었던 것이다.

　새로운 미디어 기술을 도입하는 문제는 이처럼 기술의 표준을 채택하는 문제를 동반하기 마련이다. 기술 표준은 대체로 관련 업계, 관련 협회 간의 조율을 통해 이뤄지기도 하지만, 아날로그 텔레비전에서 디지털텔레비전으로의 전환처럼 한 국가의 방송 미디어의 근간이 되는 지상파 방송의 표준을 정하는 문제는 정부나 그에 준하는 공적 기구가 깊이 개입해 정책적 결정을 통해서 결정한다. 정부나 그에 준하는 공적 기구가 결정한다는 것은 관련 공무원이나 공적 기구의 직원들이 회의해서 뚝딱 정한다는 것을 뜻하지 않는다. 이들의 결정은 긴 시간 동안 관련 업계는 물론 학계, 사회단체 등의 의견을 듣고 또 듣는 지루한 과정을 거친 결과이다. 그러한 과정이 진행되는 동안 정당, 방송사, 정부나 공적 기구, 연구 단체 등은 어떤 기술 표준이 우리 사회에 이익이 되는지 또는 자사에 이익에 되는지에 대한 자료를 그러모아 자체적으로 연구·검토하고, 학계에 연구를 의뢰하기도 한다. 우리 사회에서 이 분야의 전문가라고 할 만한 사람들이 수년에 걸쳐 공식적 또는 비공식적으로 디지털텔레비전 방식의 문제를 놓고 논의했다면 어떻게든 결론에 도달했음직도 한데 실상은 그렇지 못했다.

'이익'이 무엇인지를 파악한다면 결론에 도달할 수 있을 텐데 전문가들이 모이면 모일수록 '누구'의 '어떤' 이익을 우선으로 할지에 대한 의견이 하나의 점으로 모이지 않았다. 어쩌면 애초에 도달할 수 있는 지점 자체가 없었는지도 모른다. 사회는 구성원들이 하나의 공통된 이익을 추구하며 착실하게 매진하는 그러한 것이 아니기 때문이다. 한 기업의 이익이 다른 기업에는 불이익이 될 수도 있으며, 한 집단의 이익이 다른 집단에 손해를 끼치는 경우가 양자 모두 이익을 보는 경우보다 훨씬 많기 마련이다. 어떠한 갈등의 결론으로 윈-윈win-win을 제안하는 것은 참으로 기만적이고 회피적이라는 생각을 떨쳐버리기 어렵다. 윈-윈에 도달한다고 하더라도 그 효과는 찰나적이다. 윈-윈을 한 것처럼 느끼는 순간 각자의 길을 걷게 된다. 사회생물학적 주장을 빌리자면 외부의 적과 마주쳤을 때 종種의 보존을 위해 일시적으로 그것도 특정 사안에 대해서만 단합하고 희생적인 태도를 보일 뿐 사회 구성원들은 양자택일의 문제에서 결코 통일된 모습을 보여주지 않는다.

2003년의 겨울도 그렇게 지나가고 있었다. 더 이상 지연시킬 수 없다고 판단한(실은 이미 충분히 지연된 뒤였다) 방송위원회(위원장: 노성대)는 최종적으로 미국과 유럽에 조사단을 보내고 그 보고에 기초해 최종 결정을 내리겠다고 했다. 필자는 이 쟁점에 깊이 관여하지 않았지만 미디어 산업과 정책에 관해서 연구하는 학자 중 한 명으로서 당시 한 세미나에서 관련 문제를 두고 토론에 참여한 적이 있다. 학계는 대체로 두 표준의 장단점을 설명하고 그 장단점이 미디어 환경에 미치는 영향을 정리하는 수준에 머물

렀을 뿐, 결정적이고 단호한 판단을 내리는 데에는 소극적이었다. 정책 논쟁에서 학자들의 기본적인 역할이 거기까지이기도 했지만, 정책의 결과가 그들에게 미치는 영향이 그다지 직접적이지는 않아서 목에 핏대를 세우는 일은 가능하면 하지 않았기 때문이다. 그에 반해 결정된 표준을 직접 운용해야 하는 관련 업계나 기술 분야 관계자들의 입장은 첨예하게 맞설 수밖에 없었다.

세미나가 서너 시간을 넘어 어차피 여기서 결론에 도달할 수 없다는 것을 확인하면서 다들 지쳐 있을 때, 방청석의 한 교수가 발언을 청했다.

몇 시간 동안 각계의 전문가들께서 모여서 디지털텔레비전을 미국식으로 할지 유럽식으로 할지를 두고 열띤 토론을 벌였는데, 정작 중요한 논의는 한 번도 거론되지 않았습니다. 제가 이 분야에 문외한이어서 그 논의가 이미 사회적으로 끝났다는 점을 놓쳤는지 모르지만, 디지털텔레비전 전환이 일반 시청자들에게 무엇을 줄 수 있는지, 어떤 희생을 강요하는지, 그런 희생을 치르면서도 반드시 디지털로 전환해야 하는 이유는 무엇인지에 대한 논의가 빠져 있습니다. 디지털텔레비전의 전환은 이미 정해진 길이고 정당성을 확보한 듯이 모두 토론에 임하고 있는데, 적어도 토론에 참석하신 분들은 그런 문제에 대해서 합의가 있으신지 묻고 싶습니다.

필자는 이렇게 회의가 무르익어 가는데 근본적인 문제부터 다시 생각해 보자는 사람들을 좋아하지 않는다. 어떤 문제든지 근본적인 것을 이해하기는 어렵다. 근본적인 것을 이해하기 전까지 각론으로 들어가지 않는다면 우리는 어떤 문제도 해결할 수 없다. 필자는 개별적인 문제를 해결하다 보면 근본적 문제의 해결책을 발견할 수도 있다고 생각하는 편이다. 근본 적인 문제를 이해하고 있느냐는 질문은 언제나 그럴듯하고 젠체한 질문이 지만 상황에 따라서는 더할 나위 없이 사악한 질문이기도 하다. 왜냐하면 대개의 사람들에게 "당신은 그 문제의 근본적인 점을 이해하고 있습니까?" 라고 질문하면 "그렇습니다"라고 답하기는 어렵기 때문이다. 정치인이 아 닌 학자들은 이 점에서 늘 진리는 잠정적이고, 재발견을 통해서 수정될 수 있다고 스스로에게 최면을 걸어온 터라 단정적인 답을 하려는 순간에 머 뭇거리게 된다. 그래서 세부적인 주제를 다루다 말고 갑자기 그러한 근본 적인 질문으로 돌아가는 것은 대개 "네가 뭘 알아?"의 완곡한 표현일 뿐이 다. 2003년 정책 연구에 뛰어든 젊은 교수였던 필자에게 중견 교수의 그러 한 찬물을 끼얹는 질문은 그 세미나장에서 있었던 가장 부적절한 발언으 로 들렸다. 예상대로 좌장을 맡은 원로 교수는 당황해하며 허둥지둥 둘러 막았다.

참으로 적절하고 좋은 지적을 해주셨습니다. 당면 문제를 다루다 보면 정작 그것이 누구를 위한 것이고, 무엇을 위한 것인지를 간과하기도 하지요. 오늘 우리가 나눈 토론도 그런 알맹이가 빠진 것은 아닌지 반성해보게 됩니다. 그 래도 사안이 사안인지라 더 미뤄둘 수 없는 일이기에 각계 전문가들이 머리 를 맞대고 의견을 교환하는 것이니까.

그런데 그 질문은 세미나 장을 떠나서 오래도록 두고두고 내 머리를 짓

눌렀다. 진척도 없고 서로를 이해시키지도 못한 무의미해 보이기까지 한 세미나에 참석한 자체만으로도 내내 마음이 편치 않았던 필자에게 방청석의 한 교수가 던진 질문은 머리를 점차 복잡하게 만들었다. '이 시점에 뭐 저 따위 질문을' 하는 생각에서 '그러게 이런 세미나를 왜 해'로 바뀌더니, 어느새 '그런데 디지털 전환은 왜 꼭 해야 하는 걸까? 누구를 위한 걸까?' 하는 생각으로 옮겨갔다. 긴 세미나에 지쳐 단상에서 잠시 딴 생각을 한 것일 수도 있겠다 싶었지만 돌아가는 길 내내 그 생각이 들었고, 그 후에도 기술 정책 문제를 다룰 때마다 습관적으로 내 머릿속을 한 번씩 지나가는 질문이 되었다.

물론 그러한 질문이 사악한 질문이라는 필자의 생각에는 변함이 없으며 필자는 공식석상에서 그런 '사악한' 질문을 다른 사람들에게 던지지 않는다. 다만 새로운 미디어 기술의 도입 시기나 관련 정책 쟁점에 관여할 일이 있으면 나 자신에게 '이것은 누가 왜 필요로 하는 기술일까?'라는 질문을 한 번씩 던져보곤 한다. 표면적으로 활발히 논의되는 정치적 배경과 경제적 배경은 이 물음에 대해 명쾌한 답을 주기도 하지만, 다양한 구성원들이 서로 다른 가치관으로 살아가는 사회에서 그런 명쾌한 답이 있다는 점은 오히려 '과연 그것이 진짜 이유일까' 하는 의구심을 자아낸다. 그 후 전송 방식은 결정되었지만 사람들은 디지털 전환에 관한 동기에 뚜렷하게 공감하고 있지 않았던 것 같다. 우리 사회의 아날로그 종료와 디지털 전환에 대한 저항과 우려는 그 후로도 계속되어 아날로그가 종료되는 순간까지도 계속되었다.

2012년 12월 31일을 보내면서

우리 시대는 새로운 미디어의 도입과 소멸을 역사책에서만 발견할 수 있는 시대가 아니다. 아이젠스타인, 옹, 마빈 등과 같은 1970~1980년대 학자들은 문자·금속활자·전화·라디오·텔레비전 등과 같이 수천 년에서 수십 년 전 과거의 미디어를 다뤄야 했다. 필자는 2000년대와 2010년대에 활동하고 있는 학자로서 동시대에 수많은 미디어가 등장하고, 도입되고, 소멸하는 것을 목격하는 행운을 누리고 있다. 1980년대 이전의 학자들에게 그러한 행운을 가진다는 것은 마치 어느 날 밤하늘을 바라보다가 발견 주기가 수백 년인 혜성을 우연히 보게 된 것과도 마찬가지다. 그러나 요즘 그런 일은 수시로 일어난다. 심지어 필자가 이 책의 작업을 시작한 2011년 5월 이후, 같은 해 12월에는 4개의 종합 편성 채널(JTBC, TV조선, 채널A, MBN)이 선정되어 서비스를 시작했고, 서비스 부문에서는 2012년 8월 31일 위성 DMB 송출을 중단했으며 2013년 12월 31일에는 지상파 방송이 아날로그 송출을 중단하는 등 큼지막한 사건들이 있었다. 이 책의 작업이 시작되기 직전인 2010년 10월경에는 소니가 1980년대를 풍미한 휴대용 음악 재생 기기인 워크맨의 판매를 종료했다.

그중에서도 2012년 12월 31일의 지상파 아날로그 송출 중단은 단절의 상황을 극적으로 보여주는 사건이다. 아날로그 신호의 중단은 수년 전부터 예고되어왔고 정부의 디지털 방송 정책하에서 진행되어왔던 일이라는 점에서 충격적이고 놀라운 일은 아니다. 그러나 위성 DMB의 서비스 중단이나 소니의 워크맨의 생산 중단 등은 이보다 훨씬 갑작스럽게 일어났다. 물론 위성 DMB의 누적된 적자 규모는 일찌감치 이런 결과를 예견했으며,

표 3-2	지역별 아날로그 송출 중단(2012년)		
울산	8월 16일 14시	전북	10월 23일 14시
충북	9월 24일 14시	강원	10월 25일 14시
경남	10월 4일 14시	광주·전남	10월 30일 14시
부산	10월 9일 14시	대구·경북	11월 6일 14시
대전·충남	10월 16일 14시	수도권	12월 31일 04시

자료: 방송통신위원회 디지털 방송 정책과 브리핑 자료(2012.10.4).

워크맨의 종말도 어느 정도 예견되었던 일이었는데도 중단 결정 자체는 상당히 갑작스러웠다. 그에 반해 지상파 아날로그 송출의 중단은 갑작스럽지는 않았지만 기술적으로 완전히 단절되어서 그다음의 후속적인 일들을 이용자들이 떠안아야 했다.

결국 지상파 아날로그 신호의 중단은 기술적 의미에서의 단절만을 의미하는 것이 아니었다. 많은 이용자들이 지상파 아날로그 신호 중단의 필요성에 완전히 공감하지 못했으며, 그에 따른 후속 대처를 원활히 할 만큼 충분히 여유롭지도 않았다. 그런 이유로 아날로그 신호의 중단에 대한 두려움은 사실상 그것이 중단된 2012년 12월 31일 전후가 아니라 그보다 훨씬 전부터 일어났다.

디지털 전환 정책이 정부 주도로 추진되는 내내 많은 언론학자들은 디지털 전환의 목표와 시청자의 편익이 분명하게 제시되지 않은 상태에서, 최대의 수혜자가 되어야 하는 시청자들에게 디지털 전환을 강제하고 있다는 점을 지적해왔다. 그뿐만 아니라 디지털 전환과 관련해 대국민 홍보를 주도적으로 담당하고 추진해나갈 전담 기구가 부재하다는 점, 방송 사업자들의 디지털 전환을 위한 설비와 제작 부문에 대한 지원이 불명확하다는 점, 저소득층에 대한 DtoA 컨버터(디지털 신호를 아날로그 신호로 전환시키는 컨버터) 구매 보조금 지원 범위의 비현실성 등 다양한 문제가 제기되었다(최용준, 2008).

2001년 디지털 방송을 시작한 이래로 2006년 말 국내 디지털텔레비전 수상기 보급 대수는 전체 1800만 가구 중 24.4% 수준에 불과했다(정보통신부, 2008).[13] 그 후 2007년 5월에는 28.2%(한국전파진흥원, 2007), 2008년 말에는 30.3%의 더딘 증가를 보였다. 2010년 말에 64.7%, 2011년 말에 94.4%, 2012년 9월에는 98.6%로 성장했다. 아날로그 종료를 몇 달 남겨놓고 전체 가구의 1.4%(24만 3000만 가구)가 아날로그 수신 상태로 남아 있는 것으로 추정되었다.

우여곡절 끝에 전체 가구의 약 99%가 디지털 수신이 가능하게 되어 아날로그 중단이 이뤄졌지만, 그동안 아날로그 송출 중단에 따른 저항은 상당했다. 2008년 디지털 전환의 상황을 두고 문효선 미디어행동 집행위원장은 "모든 국민이 아날로그 방송을 종료해도 지상파 방송을 수신하는 데 조금도 불편함이 없을 때 종료해야지 일정을 정해놨다고 종료하는 것은 말이 안 된다"며 "정부 입법을 거치면서 왜곡된 특별법을 다시 검토하지 않는다면 그 파장은 아무도 감당 못할 것"이라고 지적했다. 전응휘 녹색소비자연대 이사도 "디지털 전환을 기점으로 관련 산업 전반이 발전한다고 하나 실제 시청 수용자들은 이 일정을 따라가야 할 동기나 이유, 일어날 수 있

---

13 위성이나 케이블을 통해 디지털 방송을 수신할 수 있는 디지털 셋톱박스 보급 현황을 보면(지상파 셋톱박스 제외), 2007년 1월 기준 위성 셋톱박스 200만 대(94.3%), 케이블 셋톱박스 33만 대(5.7%)로 나타난다.

는 문제에 대해 충분히 듣지 못하고 있다"고 말했다(≪미디어오늘≫, 2008. 6.4).

문제는 디지털 전환이 이뤄져서 디지털텔레비전을 보유한 가정에서는 화질이 향상되었지만, 기존의 아날로그 텔레비전에다가 DtoA 컨버터를 부착한 가정에서는 디지털 혜택을 누리는 것이 아니라 텔레비전 방송 수신이 중단되지 않는 정도에 만족해야 했다.

다른 미디어 기술들의 경우에는 정부가 주도적으로 기술도입을 결정하고 추진했다고 하더라도 이용자가 최종적인 수용 여부를 결정할 수 있었던 데 반해, 디지털 전환은 이용자가 결정할 수 없었다. 이용자는 텔레비전을 수신할지 말지를 결정할 수 있을 따름이었다. 이러한 상황에 대한 두려움은 여러 영역에서 디지털 정책을 비판하는 것으로 나타났다.

2011년 중반 이 책의 작업을 막 시작했을 무렵에 필자가 보았던 광경을 하나 들려주려고 한다. 주말 대형 마트에서였다. 가족과 함께하는 여행이나 놀이를 즐기는 편이라 하더라도 주말에 대형 마트에서 가족과 함께 쇼핑하기를 좋아하는 남자는 드물다. 사람들이 함부로 밀고 다니는 카트에 발뒤꿈치가 걸리고, 아이스크림을 묻히며 쏘다니는 어린아이들이 사람들 사이로 빠져나가고, 여기저기서 상품 홍보를 하는 마트와 제품사 직원들이 소리를 질러대는 대형 마트는 두통을 유발한다. 대형 마트에서 필자가 발견한 가장 한적한 곳은 전자 제품 코너이다. 특별히 할인 행사가 있지 않는 한 대형 마트에 전자 제품을 사러 오는 손님들이 북적대는 일은 별로 없다. 게다가 거기서는 텔레비전 방송으로 드라마나 스포츠 중계를 볼 수도 있고 컴퓨터나 인터넷을 이용할 수도 있다. 그곳은 주말 대형 마트 쇼핑에서 가족과 함께 쇼핑을 나온 남자들의 도피처로 최적이다. 그날도 대형 마트의 전자 제품 코너를 배회하면서 태블릿 PC와 컴퓨터를 구경하고 있던 필자는 한 중년 남자 고객이 점원과 나누는 흥미로운 이야기를 우연히 듣게 되었다. 그날 이 장면을 목격한 것은 대형 마트에서 보낸 피곤한 시간에 대한 보상이라고 생각한다. 어차피 오래된 이야기라 기억을 정확히 떠올리기는 어려우니 필자가 이 책의 주제에 맞게 재구성해서 들려주려고 한다. 이 이야기는 미디어 기술도입에 관한 정책 밖의 세계를 볼 수 있는 창이 될 것이다.

83세의 홀로 사는 김 씨 할머니에게 18년 된 23인치 대우 텔레비전은 유일한 오락거리이자 친구였다. 최근까지 이 텔레비전으로 지상파 채널만 보다가 어느 날 오랜 벗인 텔레비전이 퍽 하는 소리를 내면서 화면이 깜깜해져버린 후 다시는 화면도 소리도 나오지 않았던 것이다. 52세의 아들 최 씨는 무료해하는 어머니에게 텔레비전을 새로 사드리겠다고 했다. 어차피 2012년 말에 지상파 아날로그 방송이 중단된다고 하고 오래된 텔레비전을 돈을 들여 고치느니 이참에 디지털텔레비전으로 바꿔드리겠다고 했다는 것이다. 그런데 아파트 엘리베이터에서 만난 이웃집 여자에게서 디지털텔레비전의 가격이 족히 100만 원은 넘고 수백만 원도 한다는 이야기를 들은 김 씨 할머니는 절대로 그만한 돈을 주고 텔레비전을 살 수 없다고 했다. 그래도 할머니에게 텔레비전은 없어서는 안 될 물건이라고 생각한 아들 최 씨는 40인치 디지털텔레비전을 100만 원 넘게 주고 인터넷으로 주문해 배송시켰다. 며칠 후 배송 직원에게서 연락이 왔다. 김 씨 할머니가 그 물건을 절대 받지 않을 테니 돌아가라고 하며 현관문을 아예 걸어 잠가버렸다는 것이다. 전화로 설득해봤지만 도저히 설득이 어렵다는 것을 알고 최 씨는 그 물건을 반품했다. 그렇지만 아무리 생각해봐도 텔레비전 없이는 노인이 너무 무료할 것 같아서, 최 씨는 이번에 작고 싼 텔레비전을 사서 가면 어머니가 받아줄 것이라고 생각하고 직접 매장에 나가보았다. 오랜만에 전자 제품 매장에 나가본 최 씨는 깜짝 놀랐다. 매장의 텔레비전 코너에 전시된 텔레비전은 죄다 40~60인치였고 후미진 곳에 작은 사이즈의 텔레비전이 두어 개 있을 뿐이었다. 그런데 그것들도 가까이 가서 보니 30인치를 넘었다. 이런 것을 들고 갔다가는 또 퇴짜 맞을 것이 뻔했다. 매장 직원에게 겸연쩍게 물어보았다. "이보다 작은 사이즈는 나온 게 없나요?" 매장 직원은 대답했다. "30인치 이하는 제품 자체가 거의 나오지 않습니다. 혹시 20인치를 원하시면 컴퓨터 모니터를 구입하셔야 합니다. 그것도 텔레비전처럼 이용하실 수는 있습니다." "아니, 어떻게, 요즘은 소형 찾는 사람이 없어요?" 매장 직원은 술술 대답을 잘한다. "네. 어차피 내년이면 디지털로 다 전환되기 때문에 아날로그는 들어갔고요. HD는 주로 중·대형 모델 중심으로 출시되어 있습니다. HD는 가로가 길기 때문에 같은 인치라도 아날로그보다 더 작아 보이거든요. 그래서 손님들도 큰 사이즈를 많이 찾으세요." "그럼 작은 것을 원하는 사람들은 어떻게 하죠?" "그러시면 컴퓨터 모니터를 텔레비전으로 이용하실 수 있습니다." 그러면서 매장 직원은 최 씨를 컴퓨터 코너로 안내했다. "컴퓨터를 다루지 못하는 노인들도 사용하는 데 문제가 없나요?"라고 최 씨가 우려스럽게 질문하자, 매장 직원은 "텔레비전으로만 이용하시려면 컴퓨터와 연결시킬 필요도 없습니다. 모니터 자체가 텔레비전 수신을 합니다"라고 대답했다. 최 씨는 다시 걱정하는 표정으로 물었다. "텔레비전으로 나온 것과 컴퓨터 모니터로 나온 것의 품질 차이는 없나요?" "네, 없습니다." 매장 직원은 시원시원하게 대답했다. 최 씨가 계산을 끝내자 매장 직원은 상품을 들고 가는 최 씨를 뒤따라 나오면서 "감사합니다. 안녕히 가세요. 구입하신 제품으로 텔레비전과 동일하게 잘 이용하실 수 있으실 겁니다. 다만 색상이 텔레비전만큼 선명하지는 않을 수도 있는데, 이용하시는 데에는 조금도 불편이 없으실 겁니다." 최 씨는 점원의 '다만'이라는 말에 잠깐 멈칫하는 듯했다. 그러나 이미 다른 대안은 없어 보였다.

이 사례는 특수한 사례가 아니라 2010년 전후로 어느 전자 제품 매장에서든 일어날 수 있었던 일이다. 지상파 텔레비전의 디지털 전환 정책이 일반 시청자의 일상 속에서는 그 무엇보다도 텔레비전 화면의 크기가 커진 것과 가격대가 올라간 것을 의미함을 보여준다.

정책적 갈등을 둘러싼 오랜 공방 속에서 논의될 사안들이 거의 다 쏟아져 나온 듯 보이지만 디지털 전환에 따라 텔레비전 화면 크기가 커지고, 작은 것을 원하는 사람은 컴퓨터 모니터를 텔레비전으로 써야 할 것이라는 이야기는 그동안 한 번도 없었다. 이런 상품 출시의 선택은 기업에 달려 있어서 정책 기관이나 학계가 미리 논의할 대상이 아니었을지도 모른다. 그래서 이런 현상들은 단지 새로운 기술도입에 따른 예기치 못한 일시적 부작용일 수도 있다. 그러나 새로운 미디어 기술이 도입될 때마다 이런 현상이 패턴처럼 반복적으로 나타난다면 그것은 예기치 않은 불확실성에 따른 부작용이 아니라 우리가 주목했다면 예상할 수 있었던 부작용일 것이다.

소형 텔레비전의 대안으로 텔레비전 일체형 컴퓨터 모니터를 사 간 최 씨의 사례가 물론 시장의 전체적인 흐름은 아니다. 전자 제품 매장에 텔레비전을 구매하러 온 많은 사람들은 이제 대형 디지털텔레비전의 구매에 주로 관심을 두는 것이 사실이다. 어떤 이들은 텔레비전을 교체할 시점에 디지털 전환을 염두에 두고 이참에 디지털텔레비전을 구입하기로 결정하기도 했을 것이고, 어떤 이들은 개혁의 초기 또는 중기 채택자로 기존에 보유한 텔레비전의 노후 여부와 무관하게 새로운 상품을 구입하기로 결정하기도 했을 것이다. 또 어떤 이들은 IPTV나 스마트 텔레비전의 활용을 염두에 두고 디지털텔레비전을 구매하기로 결정했을 수도 있다. 디지털텔레비전의 방식을 두고 오랫동안 고민한 끝에 미국식인 ATSC 방식으로 결정했지만, 정작 이용자들은 디지털텔레비전의 도입을 앞두고 값비싼 새로운 대형 텔레비전을 구매하거나 소형 컴퓨터 모니터를 구매하거나, 그것도 아니면 기존의 아날로그 텔레비전에 컨버터를 설치해야 했다. 정부는 기존의 아날로그 텔레비전을 가진 사람들이 문제없이 디지털텔레비전 서비스를 받을 수 있다고 홍보하는 데에 큰돈을 들였지만, 정작 일반 시민들이 선택할 수 있는 대안은 별로 없었다.

게다가 디지털텔레비전 구입을 미뤄왔거나 살 경제적 여력이 없는 사람들을 더욱 궁지로 몰아넣었던 일이 있었다. 정부가 행한 디지털 전환 촉구 전략 중 자막 고지 방송이 그것이다. 2012년 1월부터 아날로그 방송 직접 수신 가구만을 대상으로 자막 고지 방송을 매일 송출해 조속한 정부 지원 신청을 유도했다. 아날로그 종료일 3~4주 전부터는 상시 자막 고지를 하고, 2주 전부터는 상시 가상 종료를 실시했다. 가상 종료라 함은 자막 고지 방송을 전체 화면(100%)으로 방송하는 것을 말한다. 당시 아날로그 수신

자막 고지 방송·가상 종료 송출 화면

1단계: 화면 비율 30% 이내

2단계: 화면 비율 50% 이내

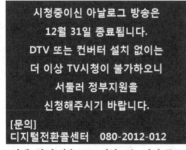

3단계: 화면 비율 50% 이상 또는 가상 종료

을 하던 가정에서는 하루에도 몇 번씩 텔레비전 화면의 30%, 50%, 100%가 청색 바탕의 경고 메시지로 가려지는 것을 경험했다. 이것은 아날로그 방송을 수신하는 시청자들의 짜증을 유발했을 뿐 아니라 그들에게 방송 종료가 다가오고 있다는 초조함을 불러일으켰다. 전체 시청 가구의 대다수는 디지털 전환을 위한 준비가 어느 정도 되어 있었지만, 2012년이 저물어갈 무렵에 20여 만 가구는 새로운 미디어 기술의 도입을 종용받는 상황이 되었다.

끝까지 새로운 미디어의 도입을 거부하는 이들을 개혁 확산 이론 학자들은 '불채택자laggard'라고 칭한다. 불채택자들의 새로운 미디어 도입 거부는 단순한 개인적 거부로 끝나지 않고, 한 사회의 새로운 미디어 도입과 채택 일정을 지연시키고 문제점을 수정하게 해서, 미디어 기술이 갖는 내재적 급진성과 속도를 억제하는 효과를 가진다.

4 장

빅뱅 없는 세상

가족들이 모두 제각각 스마트 미디어를 들고 집 밖으로 나가 다시는 집으로 돌아오지 않고 '디지털 유목민'의 삶을 영위할 수도 있지만, 그들은 저녁이면 모두 집으로 돌아와 다시 식탁에 앉는다. 집으로 돌아오는 길에 가족들은 스마트 미디어로 지금 어디쯤 오고 있는지 서로의 위치를 물어가면서 저녁 식사시간을 맞추기도 한다.

복수의 스토리 발굴

미디어 기술도입과 관련 정책 과정의 의미를 일상사적 접근을 통해서 조명해보려 했던 이 작업이 일회적·우연적·지엽적 일들에 주목하는 것으로 보일 수도 있다. 일상사적 증언과 자료에 기초해 현상의 복잡성과 복수의 맥락을 포착하고 가시화시키는 작업은 일회적·우연적·지엽적 사건들에서 의미를 발견하는 일이기도 했다. 또 주목받지 못했던 다양한 맥락들이 정치사, 경제사, 제도사에 매몰되지 않고 제각각의 의미로 표출될 수 있도록 단순화와 일반화에 기초한 기존의 사회과학적 접근을 극복하려 한 시도이기도 했다.

사람들이 각자의 삶 속에서 새로운 미디어 기술을 도입하고 채택하면서 취한 대응 전략들은 파편화되어 의미를 상실해버린 듯 보이지만, 그러한 전략들은 서로 연계되어 복잡하게 작동한다. 각자의 파편화된 전략은 주류적 해석의 예외이거나 변칙처럼 보이지만 오히려 주류적 해석이야말로 정확히 적용될 수 있는 현상의 범위가 제한적이다. 개인들에게서 일어나는 다채로운 전략적 스펙트럼의 상당 부분을 간과해버린다면 이는 과도한 단순화의 오류로 이어질 것이다.

새로운 미디어 기술의 도입과 채택 과정을 정치적·경제적 관점에서 해석하는 것은 역사를 과도하게 단순화시켜 버리는 오류를 범하는 일이다. 미디어 기술을 채택, 도입, 수용하는 과정은 단순히 하나의 기술을 선택하는 것이 아니라, 복잡한 정치, 경제, 사회, 문화 시스템의 개입과 얽힘 속에서 만들어지는 것으로 이해해야 한다. 어느 한 요소가 그 과정에 결정적인 역할을 하는 것이 아니라면, 우리는 복수의 스토리를 살펴볼 수밖에 없다. 이 책이 지금까지 주류를 이뤘던 정치와 산업 중심의 미디어 기술도입과 채택 과정을 부정하기보다는, 그러한 접근과 관점이 간과한 또 다른 스토리를 발굴해내려는 작업으로 이해되었으면 한다.

또한 기술도입과 관련 정책 중심의 시대구분이 갖는 (의도적이건 아니건 간에) 단절적 스토리를 하나의 통합적 시각에서 보고자 했다. 기술도입·채택의 과정이 개인들의 상호작용과 사회 체계 간 상호작용의 결과라고 한다면, 거기에는 미디어 기술이나 관련 정책에 따른 단절적 구분을 넘어서는 시대와 공간의 연속성이 존재할 것으로 보았다.

미디어 기술은 도입을 주도한 기술 엘리트나 정책 관료 엘리트 집단의 취지나 의도대로 사회에 수용되지만은 않는다. 정책의 취지와 효과가 일치하지 않는 참으로 많은 이유가 정책 취지의 형성에서 실행과 효과에 이르기까지 전체 실천 과정에 도사리고 있다. 정책의 취지 형성 단계, 실천 방안 마련과 제도화 단계, 제도의 실천 단계, 효과 및 수정 단계 등으로 나누어 정책 취지와 효과의 불일치를 유발할 수 있는 이유들을 단계별로 볼 수 있다.

1. 정책의 취지 형성 단계

· 정책 아이디어 제안자가 정책 대상에 대해 정확히 이해하지 못한 경우
· 정책을 무리 없이 통과시키기 위해서 실질적인 취지보다 정당성이 큰 취지를 전면에 내세우는 경우

· 정책에 이면의 취지가 있어 표면적인 취지와 일치하지 않는 경우

· 정책 마련에 관련 업계나 이익단체의 이해관계가 깊이 개입되는 경우

2. 실천 방안 마련 및 제도화 단계

· 정책안 마련과 제도화 과정에 관여한 자가 전문적 지식을 가지고 있지 않았을 경우

· 정책안이 정당, 이해 단체 등의 의견 대립으로 최선책 대신 절충안을 채택하는 경우

· 정책안 결정 과정이 너무 오랫동안 지연되어 최초의 취지와 다르게 흘러가는 경우

· 정책안이 마련되는 도중에 정권이 바뀌거나 관계 부처의 책임자가 바뀌는 경우

3. 제도의 실천 단계

· 정책이 큰 틀에서만 제도화되고 세부 시행 규정은 명시되지 않은 채 행정적 조처에 맡겨져 자의적 해석의 여지가 큰 경우

· 정책이 정당, 이해 단체 등과 합의를 이루지 못한 채 결정되어 제도화 이후에도 계속적인 저항에 부딪힐 경우

· 정책이 현실과 부합하지 않는 경우

· 정책이 적용되는 관련 업계나 관련 분야가 정책에 동조하지 않아 비협조적인 경우

· 정책이 제도화된 후 정권이 바뀌거나 관계 부처의 책임자가 바뀌는 경우

4. 제도의 효과 및 수정 단계

· 정책의 효과를 가시화할 수 있는 부문에서만 평가해 경제적 효과만 강조되고 일반 시민들의 정서적·심리적 효과는 간과되어 정책의 수정에 반영되지 않는 경우

· 일반 시민들의 정서적·심리적 효과를 정책에 반영할 주체가 부재하거나 미약한 경우

· 청책 기관이 정책의 성과를 부풀려 평가하는 경우

이처럼 정책의 취지 형성, 제도화, 실천 과정에서의 여러 가지 이유들에서 정책의 취지와는 다른 효과가 나타난다. 그렇지만 정책 취지와 다른 효과가 노출되었다고 해서 정책이 민첩하게 수정되지는 않는다. 그 이유는 다음과 같다. 첫째, 잦은 수정은 부작용을 발생시키므로 정책과 제도의 안정성을 위해 바로 수정하기가 쉽지 않다. 둘째, 제도의 개선에 긴 시간이 소요된다. 특히 법 개정이 개입되는 경우에는 개정안의 논의, 마련, 검토, 의결 등에 긴 시간이 요구되며 법안이 국회에서 통과되지 않기도 한다. 셋째, 일단 어떤 정책이 시행되고 나면 그 정책에 다소 문제가 있다손 치더라도 그 정책을 통해서 수혜를 받는 집단이 생겨나기 시작하므로, 수정이 쉽지 않게 되는 경우도 많다. 넷째, 정부 해당 부처가 정책의 수정이 정책 실천의 과오로 비칠 것을 우려하거나 다루는 업무 영역을 놓지 않으려는 의도에서 수정 작업에 소극적인 경우도 있다. 다섯째, 정책의 전환 비용이 실제로 심각하게 규모가 클 경우도 있다. 여섯째, 미디어 기술 정책이 개인의 일상적 삶 속에서 유발하는 문제들에 대한 일반 시민들의 인식은, 유력한

관련 기업 및 단체들과 달리 힘이 응집되지 않아 정책 결정과 수정 과정에 영향을 미치기가 어렵다.

이런 점들은 한국 사회의 미디어 기술과 기술 정책을 기술사, 제도사, 기업사 중심으로 이해할 때 쉽게 간과되는 부분이다. 정책 수렴 과정은 표면적으로 볼 때 매우 합리적인 과정으로 보이지만 중대한 맹점이 있다.

첫째, 정책의 발의와 수렴 과정 자체가 복잡성, 우연성, 특수성, 주변성 등을 미세 조정하는 과정을 포함하지 않으므로 정책의 목표는 대단히 단순화되고 획일화된 '가상적 현실'에 맞춰져 있다. 결국 정책은 가상적 현실에서는 효과를 낼 수 있을지 몰라도 실제 세계에서는 많은 한계에 부딪힌다. 그러한 이유로 제도사가 보여준 미디어 기술도입 관련 정책의 취지가 시청자들의 일상적 삶과 관계 속에서 실효를 거두었는지 의문이 들기도 한다.

둘째, 새로운 미디어 기술의 채택을 위한 제도적 규범이 만들어지는 과정에서 관련 미디어 기업들의 이해관계가 깊이 개입되어, 정책의 초심을 유지하기 어렵다. 미디어 기술도입, 경쟁관계 및 사회적·문화적 영향과 관련한 정책들은 정책적 고려의 초기에는 이용자의 만족과 복지를 비중 있게 다루지만, 정책이 일단 추진되면 그러한 문제들은 허울에 불과한 명분이 되기 쉽다. 정책 수립 과정에서 관련 미디어 기업들은 자사의 이익을 옹호하기 위해 총력을 기울인다. 새로운 정책이 실행됨에 따라 초심을 유지하면서 정책을 추진하기가 힘들어진다. 어느새 정책 기관은 이해관계에 얽혀 있는 관련 기업들의 갈등과 민원을 조정하는 데에 많은 시간과 노력을 쏟는다. 이런 정책 수립과 집행 과정은 미디어 관련 기업, 정책 기관, 자문을 수행하는 학자 집단이 암묵적으로 공모해, 미디어 기술에 관한 주류적 관점을 만들어내는 과정이기도 하다.

이처럼 미디어 기술이 개발되고 도입될 때의 취지를 그대로 따르는 것이 아니기 때문에 이용자들이 상호작용을 통해서 다양하게 생산하고 수정할 수 있는 여지는 얼마든지 있다. 미디어 기술은 기업 차원의 채택으로 마무리되는 것이 아니라, 일반 이용자들이 수용하고 자신들의 문화와 일상의 질서에 맞춰 수정해 완성되는 것이다. 따라서 이론적으로 기대되었던 기술의 기능과 정치적·경제적 의미가 그대로 실현되지는 않는다. 미디어 기술은 물질적인 형식을 띠지만 문화적이고 정서적인 측면도 가지고 있기 때문이다. 미디어 기술은 하나의 형태와 역할로 고정되지 않고 가변적이며 무정형적으로 우리 삶 속에 들어온다.

기술 엘리트, 정책 관료 엘리트 집단의 취지나 의도와 다르게 사회에서 미디어 기술이 수용되는 사례는 얼마든지 있다. 예를 들어 영상 녹화·재생 기술인 VCR은 기술적 차원에서는 정형화된 물질적 형식을 띠지만 VCR의 채택과 수용은 방송사와 시청자에게 다른 의미를 가졌다. VCR은 텔레비전 방송의 녹화를 용이하게 함으로써 계획적인 편성을 원활하게 했다. 방송 편성은 시간의 흐름을 따라가는 프로그램의 스케줄링이다. 그런데 이 기술이 가정용 VCR 형식으로 이용자에게 닿자, 아이러니하게도 이용자들은 방송사가 제공하는 시간의 흐름에 따른 선형적 편성을 받아들지 않고 시간 이동형 time-shift 시청을 할 수 있는 장치로 사용했다.

또 다른 예로 정책 기관, 방송 사업자, 기술 전문가들은 DMB라는 우수한 기술을 통해서 모바일 방송을 구현해내려고 했지만 수용자들에게 외면

당했다. 그러다 스마트 폰의 애플리케이션을 통해 비로소 모바일 방송이 제대로 실현되기 시작했다. 이용자들은 텔레비전 방송을 이동 중에 보고 싶은 것이 아니라, '이동 중에 뭔가 볼거리가 있었으면' 한 것이고 그중에 텔레비전 방송도 있었던 것이다.

스마트 폰과 관련해서도 유사한 예를 찾아볼 수 있다. 아이폰이 출시되었을 때, 어떤 검색 포털이 아이폰의 디폴트 검색엔진이 될지를 두고 구글, MS bing, 야후 등의 경쟁이 치열했다. 스마트 폰이라는 새로운 기기에서 이용자들의 이동 경로를 장악하기 위해서였다. 그런데 스마트 폰을 주도한 것은 기존 검색 포털이 아니라 트위터, 카카오톡과 같은 소셜 네트워크 서비스였다. 카카오톡이 확산되면서 음성 통화와 이메일 사용이 줄어들었으며, 애니팡과 같은 SNS 게임이 선풍적인 인기를 끌었다. 네이버, 다음 등의 기존 포털 업체들도 새로운 흐름을 따라잡기 위해서 미투데이(네이버), 마이피플(다음) 등의 서비스를 제공하며 대응했지만 이미 바뀐 흐름을 되돌려놓을 수는 없었다. 이처럼 새로운 미디어의 도입과 채택 과정은 단선적이지 않고 복잡하며, 예측하기 어렵게 전개된다.

우리는 "복잡한 것들을 왜 단순하게 설명하려고 하는가?"라며 미시사의 화두를 던진 한 미시사가의 물음으로 다시 돌아오게 된다. 이야기를 단순화시키는 일은 역사를 기술하는 자의 역사를 들여다보는 원근의 문제이다. 복잡한 것을 복잡한 채로 기술하기 위해서 가까이 들여다보아야 한다.

근거리 관찰 결과에 의미를 부여할 수 있어야 복잡함이 보상받을 수 있다. 새로운 미디어 기술의 도입·채택 과정을 주류적 관점에서만 다룰 것이 아니라 그것을 실제로 수용하고 활용하는 일반 시민들의 일상적인 삶의 의미에서도 함께 해석되어야 한다는 데서 근거리 관찰의 의미를 찾을 수 있다.

일상사적 조사 과정에서 만난 많은 인터뷰 응답자들은 나름의 이유와 맥락에서 기억을 재구성해 들려주었다. 그 기억의 재구성에는 기억의 선택적 회상, 과장과 축소의 왜곡, 타인의 시각에서 볼 때는 관련 없어 보이는 사건 또는 사물들 간의 연상 등이 개입되었다. 그러나 그런 이야기들은 이 책의 작업에서 매우 핵심적인 부분이었다. 그렇게 검열되고 왜곡되어 꾸며진 기억은 미디어 기술도입·채택 과정에서 나타난 사람들의 욕망, 꿈, 상상, 이야기 등을 들춰볼 수 있게 해주었다.

02
빅뱅은 없다

케빈 켈리Kevin Kelly는 그의 저서 『기술의 충격What Technology Wants』에서 "고대에 '새로움'이라는 것이 얼마나 드물었는지를 망각할 만큼 '새로움'은 오늘날 우리 삶의 핵심 부분이 되었다. 과거에 변화는 대개 순환적이었다. 대다수의 사람들은 대부분의 시간에 진정한 변화란 것을 거의 경험하지 않았다"[1]고 진술했다. 새로운 디지털 미디어 기술의 계속된 출현에 직면한 현 세대는 새로움이 이제 일상이 되었다는 말에 참으로 공감할 것이다.

---

1 케빈 켈리, 『기술의 충격』, 이한음 옮김(민음사, 2011), 91쪽을 문맥에 맞게 필자가 재번역한 것이다.

미디어 기술 발전의 역사를 까마득한 고대부터 지금까지 연속선상에 놓고 보면 매우 명확해진다. 책과 몇몇 신문의 초기 형태를 제외한 다른 새로운 미디어는 대개 최근 200년 사이에 등장했다. 그전의 수천 년, 수만 년의 인류 역사에서 문자(BC 3000년 이전), 종이(105년, 한漢), 금속활자(1200년대~1400년대, 고려와 독일) 등의 중대 사건들이 있었는데, 이 사건들은 적어도 1000년 이상의 간격을 두고 일어난 일들이다.

전자 미디어의 시작을 모스부호가 발명된 1838년 또는 워싱턴·볼티모어 간 전신telegraph 개통 연도인 1844년으로 보면 지금으로부터 약 170여 년 전이 된다. 지금으로부터 80~90년 전인 1920~1930년대에 전 세계에 라디오 방송이 시작되었다. 라디오는 1930년대와 제2차 세계대전이 있었던 1940년대에 전성기를 이루었고, 이후 텔레비전이 본격적으로 도입되면서 라디오는 위기와 동시에 전환기를 맞았다.

텔레비전 방송은 1930년대 중·후반에 시험 방송을 거쳐 시작되었으나 제2차 세계대전 중에는 중단되었고 종전 직후인 1945년(지금으로부터 약 70여 년 전)부터 프랑스, 영국, 미국 등을 시작으로 재개되었다. 1950년대부터 1980년대는 텔레비전이 독주하던 시대였다고 해도 과언이 아니다. PC에 인터넷이 연결될 때까지 텔레비전은 문명 지역 사람들의 삶과 밀착되어 그 무엇으로도 대체될 수 없는 매스미디어로서의 자리를 지켰다.

1970년대 중반에 애플이 개인용 컴퓨터인 '애플 I'을 내놓으면서 PC 시대를 열었지만 1980년대 초에 IBM-PC가 등장하면서 애플은 밀려났다. PC라는 말도 IBM-PC에서 유래한 것으로 볼 수 있다. IBM은 하드웨어를 공개하고 마이크로소프트 운영체계(MS-DOS)를 도입하면서 델Dell, 컴팩

Compaq, 휴렛패커드HP 등 호환 업체의 성장을 이끌어냈다. 1980년대는 PC가 보급되고 대중이 정보화에 눈뜨기 시작한 시기라고 할 수 있다. 결국 네트워크에 연결되면서 PC는 문서, 게임, 계산 등을 수행하는 기계에서 미디어로서 모습을 갖추었다. 1990년대 PC 통신, 1990년대 중·후반 인터넷 보급, 2000년대 초고속 인터넷망 구축 등을 통해서 PC는 텔레비전의 기능을 조금씩 파고들기 시작했다. 따라서 아무리 길게 잡아도 디지털 미디어의 상용화는 최근 40년 이내의 일이다.

그리고 1990년대 후반 우리는 모바일 시대로 접어들었고 그로부터 약 10년 후에 아이폰 3G와 아이폰 3Gs의 출시를 기점으로 우리는 스마트 smart라는 말로 요약되는 디지털 모바일 융합 미디어 시대로 접어들었다. 이 새로운 미디어는 이용자들의 손을 떠나지 않았고, 손, 귀, 눈, 입, 피부 등 우리 신체의 일부가 되었다.

아침에 일어나 눈을 뜨자마자 스마트 폰으로 인터넷 뉴스와 페이스북, 트위터, 카카오톡을 확인하고 학교 가는 길에 음악을 듣고, 침대에 누울 때까지 손에서 놓지 않기 때문이다. 내가 어디에 있든 항상 나와 함께하기 때문에 나에게 디지털 미디어는 내 몸의 일부라는 생각이 들 때가 있다.

(김현지 씨 인터뷰)

스마트 미디어는 우리 일상을 '파고'들었다. 스마트 미디어를 처음 접하면서 사람들은 낯선 문법과 관계 형성의 생경스러움을 잠시 경험했지만 스마트 미디어는 이미 거부할 수 있는 대상이 아니었다. 문자, 활자화된 인쇄물, 심지어는 텔레비전까지도 사람들은 새로운 것에 대한 두려움과 경이로움의 혼재 기간을 충분히 가지면서 점진적으로 수용했다. 스마트 미디어 시대에 이르러 우리는 변화의 속도를 조율할 시간을 과거만큼 확보하기 어려워졌다. 수백 년, 수십 년은 고사하고 적어도 수년간의 조율 기간도 가질 수 없게 되자 급진성의 억제를 위한 중재 메커니즘은 개인의 인지적·사회적 차원에서 상당히 민첩하게 작동해야 했다.

나에게 디지털 미디어란 낯설지만 익숙해질 수밖에 없는 존재이다. 나는 평소 디지털 미디어에 익숙하지가 않다. 친구들이 이런저런 디지털 미디어를 이용할 때에도 사용하지 않았다. 새로운 것보다는 예전에 익숙하게 사용하던 것들을 더 선호하는 편이었다. 새롭게 등장하는 디지털 미디어가 친구들에게는 새로운 놀이의 장이었지만 나에게는 낯선 존재였다. 하지만 친구들이나 다른 사람들과 소통하기 위해서는 계속해서 피할 수만은 없음을 잘 알고 있다. 처음에는 새로운 디지털 미디어가 낯설어 거부하지만, 결국은 그것에 익숙해지고 자연스럽게 생활 속에서 사용하고 있는 나를 발견하게 된다.

(최화연 씨 인터뷰)

디지털 미디어 기술은 더 이상 '도래할' 무엇인가가 아닌, '지금 여기에 가까이' 와 있는 실체이다. 디지털 미디어와 그것의 효과는 '하이퍼hyper', '가상virtual', '사이버cyber' 등과 같은 용어들로 틀 지어지면서 디지털 신비주의를 형성해왔는지도 모른다.[2] 디지털 신비주의는 기술도입의 과정을 단절적으로 보여주지만 미시적 세계에서 그러한 단절성은 존재하지 않는다. "디지털 코드의 복잡성은 이용자 친화적인 인터페이스에서 블랙박스가 되어"(Boomen et al., 2009) 있을지는 몰라도, 속도의 압박을 받은 이용자들은 상당히 빠른 속도로 급진성의 억제 메커니즘을 작동시켜서 새로운 디지털 환경에 적응해나가고 있다. 다음의 몇몇 인터뷰는 스마트 미디어 이용자들이 새로운 미디어를 통해서 전통적인 인간관계의 회복을 시도하는 것을 보여준다.

> 부모님께 늘 잘하고 싶은데 마음처럼 안 될 때가 많았다. 그런 나에게 문자 메시지, SNS(소셜 네트워크 서비스), 화상전화 등은 부모님께 다가갈 수 있는 용기를 주는 것 같다. 문자 한 통 보내는 것이 정말 쉬워 보일지 몰라도 그 안에 진심을 가득 담기 때문이다. 덕분에 아버지와의 사이가 많이 좋아졌다. 이제는 큰 소리보다 웃음이 더 많아졌으니 말이다. 나에게 디지털 미디어는 누군가에게 다가갈 수 있는 용기를 준다.
>
> (이선정 씨 인터뷰)

> 나에게 디지털 미디어는 '이야기보따리'이다. 스카이프 덕분에 해외로 이사 간 친구와 오랜만에 연락을 해도 조금도 어색함 없이 서로의 일상을 공유할 수 있게 되었다.
>
> (정유신 씨 인터뷰)

---

2 Boomen et al.(2009: Introduction) 참고.

디지털 미디어가 도입된 최근 40년 동안 인간의 삶에서 빅뱅이 일어난 것일까? 새로운 미디어 기술의 도입과 채택 과정을 다루는 이 책에서 이런 질문을 하는 것에 의아해할 수 있지만 사실 이 질문에 대한 대답은 바라보는 관점의 차이에 달려 있다.

거시적 관점에서 볼 때 최근 40년간 디지털화, 특히 최근 10년 동안의 디지털 모바일 네트워크를 보면 빅뱅이 일어났다고도 할 수 있다. IP를 기반으로 한 스마트 폰에서 오락, 정보, 커뮤니케이션, 쇼핑, 업무가 모두 해결되는 시대에 돌입한 것이다. 이용자들은 시간과 공간에서 자유로워졌고, 그것은 이전의 어떤 미디어가 제공한 시간과 공간의 자유와도 비교되지 않을 정도이다. 사람들은 네트워크화된 상태에서 이동하며 정보를 수집하고 커뮤니케이션할 수 있게 되었다. 기존과는 다른 유형의 인간 집단이 세상에 나타난 듯했다.

그러나 미시적 시각에서 들여다볼 때 우리 일상에서 빅뱅이 일어났던가? 스마트 미디어가 우리에게 다가왔을 때도, 과거 금속활자가 나왔을 때나 라디오, 혹백텔레비전이 등장했을 때와 마찬가지로 단절과 고착에 대한 두려움과 인지적 긴장 그리고 사회적 긴장이 발생했다. 두려움과 긴장은 새로운 미디어 기술의 도입과 서술 방식 때문에 기존의 가치, 질서, 삶의 방식이 다 날아가 버리도록 내버려두지 않았다. 폭풍같이 쏟아져 나오는 기술의 업그레이드 앞에서 두려움과 긴장의 감정을 다스리는 속도도 그만큼 빨라져야 했다.

가족들이 모두 제각각 스마트 미디어를 들고 집 밖으로 나가 다시는 집으로 돌아오지 않고 '디지털 유목민digital nomad'의 삶을 영위할 수도 있지만, 그들은 저녁이면 모두 집으로 돌아와 다시 식탁에 앉는다. 집으로 돌아오는 길에 가족들은 스마트 미디어로 지금 어디쯤 오고 있는지 서로의 위치를 물어가면서 저녁 식사시간을 맞추기도 한다.

03
새롭고, 갖고 싶고, 무서운 것

인간이 미디어 기술을 도입하고 채택하는 과정에서 정치적이고 경제적인 기제의 이면에는 사회 구성원들이 가진 욕망과 두려움의 기제가 강력하게 작용해왔다. 미디어 기술도입의 정책적 과정이 정치적 논리와 기업의 이익 등과 맞물려 움직이는 것으로 보일 때가 있다. 국가 기록이나 언론 보도와 같은 많은 공식적 사료들이 정치적·경제적 맥락과 같은 상투적 맥락을 지지하기도 한다. 그러나 앞서 보았듯이 정치적·경제적 의도에서 미디어 기술 정책은 성공 못지않게 실패하는 경우도 많았다.

욕망과 두려움을 고려하지 않고 미디어 기술의 도입 과정을 이야기하는 것은 정치적·경제적 맥락을 중시하는 국가 기록이나 언론 보도에 전적으로 의존하려는 것과 다르지 않다. 물론 정치적·경제적 맥락도 큰 틀에서는 욕망과 두려움의 기제 속에 내포되어 있어 기존의 접근과 다양한 복수의 역사는 양립 불가능한 것이 아니다. 미디어 기술도입의 정책적 과정을 욕망과 두려움을 중심으로 살펴보면서 좀 더 근원적인 설명을 시도해볼 수 있다.

표면적으로 새로운 미디어 기술도입의 주요한 결정은 정치적·행정적 의

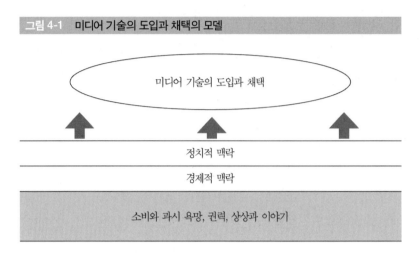

그림 4-1   미디어 기술의 도입과 채택의 모델

미디어 기술의 도입과 채택

정치적 맥락

경제적 맥락

소비와 과시 욕망, 권력, 상상과 이야기

도에서 행해지지만 그 이면에는 관련 기업들의 이윤 추구라는 경제활동의 동기가 깔려 있다. 그뿐만이 아니다. 더 깊은 지층으로 들어가면 거기에는 사람들의 소비, 과시, 힘에 대한 욕망이 도사리고 있고, 그런 욕망들은 상상과 이야기로 확장되면서 지층 깊은 곳에서 에너지를 축적한다. 이 영역의 일들은 기존의 거시적 관점에서는 간과되기 마련이며 미시적 접근과 심층적 기술을 통해서 포착해낼 수 있다.

욕망이 상상과 이야기를 만들어 확산시키고 두려움이 변화의 속도를 통제하는 기제는 표면적으로 드러나는 일이 아주 드물고, 대체로 암묵적이고 은밀하고 변칙적으로 작동한다. 따라서 이를 이해하기 위해서는 대상과 거리를 일정하게 유지하는 합리적 설명만으로는 충분하지 않다. 때로는 대상을 좀 더 멀리서 물끄러미 바라보기도 해야 하고 때로는 미주알고주알 파고들어 치밀해질 필요도 있다.

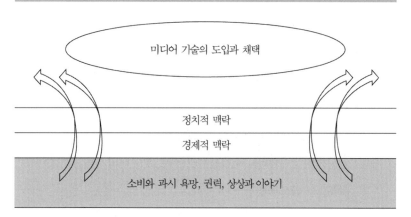

그림 4-2 분출하는 저변의 에너지

미디어 기술의 도입과 채택

정치적 맥락

경제적 맥락

소비와 과시 욕망, 권력, 상상과 이야기

오히려 중요해지는 것은 전승 속의 대다수 이름 없는 사람들이 매일매일 고생해가면서, 또 가끔 '과시적으로 소비'해가면서 일궈냈던 삶과 생존이다(뤼트케, 2002: 16).

기술은 인간의 필요에서 나온 것인 동시에 인간 욕망의 결과이다. '욕망'과 '두려움'은 보잘것없는 인간의 능력을 최대한 효율적으로 이끌어내는 에너지원이 되었다. 인간은 욕망으로부터 상상과 이야기를 만들어냈고 두려움을 통해 급진성을 억눌러 변화의 속도를 조절했다.

새로운 미디어 기술이 도입될 때 인간 내면의 심층으로부터 축적된 강한 욕망 에너지가 분출되기에 이른다. 심층에서 시작된 욕망의 폭발적 분출은 취약한 표면을 뚫고 나가기 때문에 어느 지점에서 어떤 강도로 뚫고 올라올지 예측하기 어렵다. 이러한 에너지의 분출은 새로운 미디어 기술의 도입을 주도한 산업과 정책의 취지를 위협하기도 한다. 일단 표면을 뚫고 밖으로 분출된 에너지는 더 이상 미디어 기술의 도입을 주도한 세력이 의도한 대로 통제할 수 있는 대상이 아니다.

통제되지 않는 분출된 에너지는 기존의 사회시스템이 제 기능을 할 수 없게 만들 수도 있으며, 다루는 방법을 아는 이가 없는 예기치 못했던 일들을 만들어낼 수도 있다. 이러한 위협들은 새로운 미디어 기술의 부작용으로 규정되고 두려움의 대상이 된다. 그 결과로 예기치 못한 일, 위협, 두려움 등은 규제의 대상이 된다. 규제는 제도적으로만 이뤄지는 것이 아니라, 사회 각 체계들의 암묵적인 협업(3장 4절)에 의해서 완성됨을 앞서 이야기한 바 있다. 이로써 새로운 미디어 기술에 내재된 급진성은 억압된다.

심층의 축적된 에너지는 표면 밖으로 강하게 분출되기보다는 표면 가까이 지층 안으로 실핏줄처럼 파고든다. 이렇게 되면 새로운 미디어 기술의 폭발적 에너지는 크게 줄어들고 상품화·제도화되어 사회의 한 하부 시스템이 된다. 대분출은 없었지만, 심층의 폭발적 에너지를 받아낸 표면층에서는 많은 변화가 생겨 이미 표면층과 심층 모두 과거와는 달라진다.

축적된 폭발적 에너지의 대분출이 억제되는 메커니즘으로 '두려움'의 가설이 제안되었다. 이 가설은 단절의 두려움과 고착의 두려움이 미디어 기술도입에 따른 사회 변화의 속도를 조율해서, 혁명적 변화와 진화적 변화가 중재되는 메커니즘을 말한다. 새로운 매체의 도입기에 거시적으로 발견되곤 하는 단절적 변화와 미시적 관점에서 감지되는 진화적 변화가 '두려움'에 의해 중재된다는 것이다. 즉, 진화적 변화는 혁명적 변화로, 혁명적 변화는 진화적 변화로 중재되는 것을 말한다.

새로운 미디어 기술의 도입과 사회 변화의 관계를 볼 때 기술에 따른 '혁명적인' 사회 변화는 수사학에 불과할 수도 있다. 기술 변화에 따른 통제력 상실에 대한 두려움이 새로운 기술의 도입 이전과 이후 사이에 있을 법했던 단절적 변화를 억제하기 때문이다. 다른 한편에서는 급진적 변화의 억제에 의해 패러다임의 전환이 좌절될 수도 있다는 두려움이 존재해 저항적 운동의 형태로 나타나기도 한다. 여기서 미디어 기술도입과 사회 변화에 개입된 인간 행동 저변에 위치한 원동력으로서 두려움이 제시된 것이다. 단절과 고착 사이에서 사회 구성원들이 보이는 개별 반응을 두려움을 통해 조명함으로써 개별 반응들의 두 지향점(급진적 변화의 억압과 학습된 무력감의 극복)을 언급했다.

여기서 '두려움'은 정상적 범주에 속하는 두려움이지만 두려움이 적절한 방법으로 해소되지 못할 때 신경증적인 질환의 단계로 발전할 수 있는 가능성을 배제할 수 없다. 심한 수준의 검열이나 구질서의 전면적 부정 등이 그 예가 될 수 있을 것이다. 두려움이라는 개념의 도입은 향후 새로운 미디어 기술도입에 따른 심각한 사회적 갈등을 다룰 때에 갈등의 근원적 논의를 제공할 수 있다.

'두려움'이라는 개인의 감정적 차원의 개념을 도입하여 사회 변화의 속도를 조정하는 중재 메커니즘을 이야기하려 했지만, 본격적으로 심리학이나 정신분석학의 개념들을 도입하지는 않았다. 사회학, 정치학, 경제학, 문화인류학 등이 매체 도입기를 다룬 연구 접근 방법을 제공해온 것과 달리 심리학은 분석 단위를 기본적으로 개인에 두고 개인의 욕구, 동기, 감정, 방어기제 등에 일차적인 관심을 둔다. 향후 연구들에서 정신분석학의 방어기제를 본격적으로 도입하게 되면 자극(새로운 미디어 도입)에 대한 개인과 사회의 좀 더 다채로운 반응을 보여줄 수 있을 것이다. 사회과학 분야에서 그러한 작업은 가장 미시적인 수준의 개념을 통해 가장 거시적인 차원에서 역사의 변화를 파악하는 작업을 가능케 할 것이다.

미디어 기술과 사회 변화는 일상에서 벌어지는 미디어 기술도입과 채택 과정에서의 끊임없는 미세 조정 결과로 이해되어야 한다. 특히 이 과정은 결코 기술 중심사나 정치사적 틀에 넣어 해석하거나 기술될 수 있을 정도로 단순하지 않다는 점을 강조했다.

인간의 소비와 과시 욕망, 미디어 기술의 소유와 이용을 통해서 획득하는 권력, 미디어 기술에 담긴 꿈과 상상의 이야기 등은 일상적 삶 속에서 미디어 기술을 도입하고 채택하는 과정에 추진제 역할을 한다. 우리는 새로운 미디어 기술의 도입과 채택이 정치적 결단에 따른 것이라든지, 기업의 이윤 추구를 위한 전략의 결과라든지 하는 상투적 맥락에 쉽게 도달할 수 있지만 이런 것들은 결국 다양한 욕망, 권력, 꿈, 이야기 등으로 빚어진 어떤 특수한 형태라고 할 수 있다.

참고문헌

국내 문헌

강상현 외. 2011. 『한국 사회의 디지털 미디어와 문화』. 커뮤니케이션북스.

강진숙. 2002. 「인터넷 네트워크의 정보격차 현황과 대응정책 연구」. ≪한국언론학보≫, 46권 4호, 5~45쪽.

곽차섭 엮음. 2000. 『미시사란 무엇인가』. 푸른역사.

구연상. 2002. 『공포와 두려움 그리고 불안: 하이데거의 기분분석을 바탕으로』. 청계.

그레이브스, 필립(Philip Graves). 2011. 『소비자학? : 시장조사의 신화, 소비자에 대한 진실, 쇼핑의 심리학』. 황혜숙 옮김. 좋은책들.

기어츠, 클리퍼드(Clifford Geertz). 2009. 『문화의 해석』. 문옥표 옮김. 까치글방.

기획재정부. 2010. 『시사경제용어사전』.

김경희·박지윤. 2004. 「인터넷 여성전용공간과 남녀공존공간에서의 여성이용자의 이용동기와 이용태도에 대한 비교」. ≪한국방송학보≫, 18권 3호, 432~474쪽.

김기봉. 1997. 「미시사: 하나의 '포스트모던적' 역사서술?」. ≪역사교육≫, 61호, 107~137쪽.

김덕영. 2005. 『기술의 역사: 사회학적 접근』. 한경사.

김문조. 1999. 『과학기술과 한국사회의 미래: 정보기술의 사회화 과정을 중심으로』. 고려대학교출판부.

김민남 외. 1993. 『새로 쓰는 한국언론사』. 아침.

_____. 2002. 『한국 민영 방송사의 재평가: 한국 최초의 민간 상업 방송 — 부산MBC』. 커뮤니케이션북스.

김민환. 1996. 『한국언론사』. 나남.

김영찬. 2011. 「1970년대 텔레비전 외화시리즈 수용의 문화적 의미」. 『한국방송의 사회문화사: 일제강점기부터 1980년까지』. 한울.

김영희. 2009. 『한국사회의 미디어 출현과 수용: 1880~1980』. 커뮤니케이션북스.

김웅종. 2001. 『아날학파의 역사세계』. 아르케.

김호정. 2010. 「한국 TV 수상기 산업의 초기형성과 정부정책: 1960~1970년대를 중심으로」. 서울대학교 언론정보학과 석사학위논문.

데네, 하랄트(Harald Dehne). 2002. 「일상에 한 발짝 더 다가섰던가?」. 알프 뤼트케(Alf Lütdtke) 외. 『일상사란 무엇인가』. 나종석 외 옮김. 청년사.

레인, 리처드(Richard Lane). 2008. 『장 보드리야르 소비하기』. 곽상순 옮김. 앨피.

뤼트케, 알프(Alf Lütdtke) 외. 2002. 『일상사란 무엇인가』. 나종석 외 옮김. 청년사.

마동훈. 2011a. 「초기 텔레비전과 국가: 1962~1964년의 경험에 대한 구술사 ― 한국방송사의 새로운 접근」. 한국방송학회 2011년 봄철 정기학술대회 발제문(2011. 4.22).

_____. 2011b. 「한국텔레비전 방송 시청자의 형성과 성격: 1962년~1964년의 국민, 공민, 그리고 소비자의 경험」. 한국언론학회 2011년도 심포지움 및 세미나 단행자료(2011.8.30).

박길성. 2002. 「정보사회의 문화양식: 이동, 네트워크, 합성」. 김경동 외. 『사이버 시대의 사회변동』. 집문당.

박진근·신동천·김영세. 1998. 『미시경제학』. 세경사.

방송문화진흥회. 2009. 『방송문화진흥회 20년사: 1989~2008』. 방송문화진흥회.

방송통신위원회. 2012. 디지털 방송 정책과 브리핑 자료(2012.10.4).

백미숙. 2009. 「한국방송사 연구에서 구술사 방법론의 사용과 사료 활용에 관하여」. ≪한국언론학보≫, 53권 5호, 102~128쪽.

베블런, 소스타인(Thorstein Veblen). 2012. 『유한계급론』. 김성균 옮김. 우물이 있는 집.

보드리야르, 장(Jean Baudrillard). 1991. 『소비의 사회: 그 신화와 구조』. 이상률 옮김. 문예출판사.

송석랑. 2011. 「일상사의 방법론과 해석학적 현상학」. ≪철학과 현상학 연구≫, 49권,

1~30쪽.

신연재. 1994. 「스펜서의 사회진화론과 자유주의」. ≪국제정치논총≫, 34권 1호, 201~
219쪽.

안병직. 1998. 『오늘의 역사학』. 한겨레신문사.

안종배 외. 2012. 『스마트미디어 시대 방송 통신 정책과 기술의 미래』. 진한엠앤비.

야마모토 코우시(山本甲士). 2007. 『3번가의 석양』. 한성례 옮김. 대산출판사.

야훼, 아니엘라(Aniela Jaffe). 2012. 『C. G. Jung의 회상 꿈 그리고 사상』. 이부영 옮김.
집문당.

양해술·소규옥. 2000. 『중학교 컴퓨터』. 학연사.

오재경. 1973. 『수상 22년』. 범서출판사.

옹, 월터(Walter Ong). 1995. 『구술문화와 문자문화: 언어를 다루는 기술』. 이기우·임
명진 옮김. 문예출판사.

유선영 외. 2007. 『한국의 미디어 사회문화사』. 한국언론재단.

윤상길. 2011. 「한국 텔레비전 방송기술의 사회문화사」. 『한국의 텔레비전 방송 50년:
과거, 현재, 미래』. 한국언론학회 기획연구 보고서, 3~40쪽.

윤태진·이창현·이호규. 2003. 「새로운 미디어 테크놀로지의 도입과 시/공간 및 공/사
개념의 변화」. ≪방송연구≫, 겨울호, 179~207쪽.

윤택림 편역. 2010. 『구술사, 기억으로 쓰는 역사』. 아르케.

이건. 2001. 「싸이버스페이스의 열린 공동체」. 홍성욱·백욱인 엮음. 『싸이버스페이스
오디쎄이』. 창작과 비평사.

이범경. 1998. 『한국방송사』. 범우사.

이상길. 2002. 「전화의 활용과 근대성의 경험」. ≪언론과 사회≫, 10권 2호, 111~143쪽.

이송순. 2006. 「서평: 일상을 통해 본 식민지 근대성, '균열의 식민지'」(정근식·공제욱
엮음, 『식민지의 일상, 지배와 균열』, 문화과학사, 2006). ≪역사비평≫, 76호,
484~499쪽.

이재신. 2006. 「기술사용에 대한 태도변화에 영향을 미치는 요인들에 관한 종단적 연구:
개인의 주관적 판단과 사회적 영향을 중심으로」. ≪한국언론학보≫, 50권 6호,

388~414쪽.

이학식·안광호·하영원. 1997. 『소비자 행동』. 법문사.

임동욱. 1993. 「한국방송사」. 김민남 외. 『새로 쓰는 한국언론사』. 아침.

임영조. 1991. 「리모콘」. ≪시와시학≫, 가을호(9월).

임정수. 2004. 『디지털 시대의 미디어 산업: 도전과 응전』. 한울.

_____. 2005. 「매체 도입기에 나타난 두려움에 대한 연구: 혁명적 변화와 진화적 변화의 중재기제로서의 두려움」. ≪한국언론학보≫, 49권 3호, 30~51쪽.

_____. 2007. 「유튜브닷컴의 사례를 통한 신구매체의 상호 대응 모델 연구」. ≪한국방송학보≫, 21권 4호, 255~286쪽.

_____. 2009. 「역대 방송관련법령(1961~2008)에서 '다양'과 '선택'의 의미 사용에 관한 연구」. ≪한국언론학보≫, 53권 6호, 66~86쪽.

임종수. 2004. 「1960~70년대 텔레비전 붐 현상과 텔레비전 도입의 맥락」. ≪한국언론학보≫, 48권 2호, 79~109쪽.

_____. 2007. 「텔레비전의 사회문화사」. 유선영 외. 『한국의 미디어 사회문화사』. 한국언론재단.

장상희·양미연. 1999. 「사이버스페이스에 나타난 성역할 이데올로기」. ≪여성학연구≫, 9권 1호, 55~78쪽.

정보통신부 방송위원회. 2007. 「지상파 TV의 디지털 전환과 활성화 대책」. 경제정책조정회의 안건 자료(2007.5.25).

정순일. 1991. 『한국방송의 어제와 오늘: 체험적 방송 현대사』. 나남.

정순일·장한성. 2000. 『한국TV 40년의 발자취: TV 프로그램의 사회사』. 한울.

정진석. 1985. 『한국현대언론사론』. 전예원.

젠킨스, 케이스(Keith Jenkins). 1999. 『누구를 위한 역사인가』. 최용찬 옮김. 혜안.

조맹기. 2011. 『한국언론사의 이해(4판)』. 서강대학교출판부.

주재원·나보라. 2009. 「올드미디어는 뉴미디어를 어떻게 재현하는가?: 텔레비전과 인터넷 관련 신문 보도를 중심으로」. ≪언론과 사회≫, 17권 2호, 2~48쪽.

주형일. 2007. 「왜 나는 스파이더맨을 좋아하는가: 자기민속지학 방법의 모색」. ≪언론과 사회≫, 15권 3호, 2~36쪽.

최선열. 1995. 「한국사회의 발전과 수용자의 변화: 보편성과 특이성」. ≪방송연구≫, 겨울호, 45~72쪽.

최용준. 2008. 「디지털전환특별법의 과제와 개선점」. ≪방송문화≫, 323호, 48~51쪽.

켈리, 케빈(Kevin Kelly). 2011. 『기술의 충격: 테크놀로지와 함께 진화하는 우리의 미래』. 이한음 옮김. 민음사.

크리스티, 애거사(Agatha Christie). 2001. 「유언장의 행방」. 『검찰 측의 증인』. 최운권 옮김. 해문출판사.

포스터, 마크(Mark Poster). 1991. 『푸꼬, 마르크시즘 역사: 생산양식 대 정보양식』. 이정우 옮김. 인간사랑.

푸코, 미셸(Michel Foucault). 1995. 『미셸푸코의 권력이론』. 정일준 편역. 새물결.

_____. 2012. 『담론의 질서』. 이정우 옮김. 중원문화.

하이데거, 마르틴(Martin Heidegger). 1993. 『기술과 전향』. 이기상 옮김. 서광사.

한국방송공사. 1987. 『한국방송 60년사』.

한국전파진흥원. 2007. 「디지털방송 법제도 및 디지털 CATV 활성화 방안에 관한 연구」. 정보통신부 제출용 최종 연구개발 결과 보고서 자료(2007.12.31).

한국정보문화진흥원. 2003. 『2003 정보격차해소백서』.

한상범. 2004. 『금서, 세상을 바꾼 책』. 이끌리오.

한혜경·박혜진. 1999. 「CMC의 성별 커뮤니케이션 패턴 비교분석」. ≪언론과 사회≫, 26호, 77~112쪽.

해리슨, 데이비드(David Harrison). 1994. 『사회변동론』. 양춘 옮김. 나남.

호르크스, 마티아스(Matthias Horx). 2009. 『테크놀로지의 종말: 인간은 똑똑한 기계를 원하지 않는다』. 배명자 옮김. 21세기북스.

휴즈, 토머스(Thomas Hughes). 2008. 『테크놀로지, 창조와 욕망의 역사』. 김정미 옮김. 플래닛미디어.

신문 기사

≪경향신문≫. 1962.2.13. "National 텔레비전 입하(소형광고)".

_____. 1977.2.7. "전파시대에 산다".

_____. 1984.9.11. "국교생 가정환경조사 비공개로는 할 수 없나".

_____. 1994.2.9. "TV초창기 방송을 마치고".

_____. 1995.8.16. "흙과 함께 어느 날 사라진 것들".

_____. 1997.10.28. "사이버공간 속앓이, 인터넷 부작용 세계가 몸살".

≪노컷뉴스≫. 2009.2.24. "日방송 프로레슬링 중계 사라진다".

≪동아일보≫. 1955.11.12. "방송관리 공보실로 이관".

_____. 1959.2.25. "텔레비 방송국 화재".

_____. 1961.9.17. "남산에 텔레비 방송국".

_____. 1961.11.8. "개국 서두르는 텔레비 방송국".

_____. 1962.3.22. "쉴 줄 모르는 텔레비 붐, 수상기 월부 매력에 끌린 만태".

_____. 1964.5.24. "아이 8명이 중상".

_____. 1995.9.18. "음란정보 범람, 청소년 멍든다. 컴퓨터 통신 비상".

_____. 1999.12.21. "테러 우려 각국 경계령".

≪디지털타임스≫. 2008.4.18. "[알아봅시다] 디지털전환특별법".

≪매일경제≫. 1976.7.6. "국내TV기술 국제수준 도달".

_____. 2001.10.31. "쥬라기공원, 국내 온라인게임 효시".

≪미디어오늘≫. 2008.6.4. "디지털전환특별법 시행령 실효성 의문".

≪아시아투데이≫. 2010.11.1. "리모콘 필요없다. 손동작으로 TV조종 신기술개발".

≪이코노믹리뷰≫. 2011.2.28. "삼성 vs LG 40년 전쟁 'TV철옹성' 쌓다".

≪한겨레신문≫. 1990.3.13. "국교생 가정환경조사 일부 내용 유감".

_____. 1999.12.31. "1900년 1월 4일 소환장".

온라인 자료

http://candytown.cyworld.com

http://db.history.go.kr

http://navercast.naver.com

http://www.asiatoday.co.kr/news(아시아투데이)

http://www.gallup.co.kr(한국갤럽)

http://www.hani.co.kr(한겨레신문)

http://www.jinbo.net(진보네트워크센터)

http://www.joins.com(중앙일보)

http//www.kinds.co.kr(한국언론재단)

http://www.nocutnews.co.kr(노컷뉴스)

해외 문헌

Abramson, J. 1998. "The Internet and Community." in *The Emerging Internet*. Institute for Information Studies. A Joint Program of Nortel and the Aspen Institute.

APA(American Psychiatric Association). 1994. *DSM-IV: Diagnostic and Statistical Manual of Mental Disorders*, 4th ed. Washington: American Psychiatric Association.

Appelbaum, S. A. 1977. *The Anatomy of Change: A Menniger Report on Testing the Effects of Psychotherapy*. New York: Plenum.

Arnaldo, C., J. Symonidies, A. Modoux, P. Modoux, I. Panevska and J. Bennet. 1998. "Freedom of Expression: A Universal Optique." *The Journal of International Communication*, No. 5, pp. 25~53.

Atkinson, R. L., R. C. Atkinson, E. E. Smith and E. R. Hilgard. 1987. *Introduction to Psychology*, 9th ed. Fort Worth, TX: Harcourt College Publishers.

Barabasi, A. L. 2002. *Linked: The New Science of Networks*. Cambridge, MA: Perseus Publishing.

Bates, B. J. 1989. "Evolving into an Information Society: Problems and Issues." in J. L. Salvaggio(ed.). *The Information Society: Economic, Social and Structural Issues*. Hillsdale, NJ: Lawrence Erlbaum Associates.

Bell, D. 1973. *The Coming of Post - Industrial Society*. New York: Basic Books.

Boomen, M., S. Lammes, A. Lehmann, J. Raessens and M. T. Schafer(eds.). 2009. *Digital Material: Tracing New Media in Everyday Life and Technology*. Amsterdam: Amsterdam University Press.

Braudel, F. 1992. *Civilization and Capitalism, 15th - 18th Century*. University of California Press.

Briggs, A. and P. Burke. 2002. *A Social History of The Media: From Gutenberg to the Internet*. Cambridge, UK: Polity.

Chaytor, H. J. 1966. *From Script to Print: An Introduction to Medieval Vernacular literature*. London: Sidgwick and Jackson.

Chomsky, N. 1991. *Deterring Democracy*. London/New York: Verso.

Cullen, J. 1982. "Impact of Information Technology on Human Well - Being." in L. Bannon, U. Barry and O. Holst(eds.). *Information Technology: Impact on the Way of Life*. Dublin: Tycooly International Publishing.

Davis, D. 1989. "Perceived Usefulness, Perceived Ease of Use and User Acceptance of Information Technology." *MIS Quarterly*, Vol. 13, No. 3, pp. 319~340.

Dizard, W. P. 1982. *The Coming Information Age: An Overview of Technology, Economics and Politics*. New York: Longman.

Douglas, S. and T. Guback. 1984. "Production and Technology in The Com-munication/Information Revolution." *Media, Culture and Society*, Vol. 6, pp. 233~245.

Drucker, P. 1969. *The Age of Discontinuity: Guidelines to Our Changing Society*. New York: Harper and Row.

Eisenstein, E. 1979. *The Printing Press as an Agent of Change: Communications and Cultural Transformations in Early Modern Europe*. New York: Cambridge University Press.

Freud, S. 1962. "On the Grounds for Detaching a Particular Syndrome from Neurasthenia under the Description 'Anxiety Neurosis'," in J. Strachey(ed). *The Complete Psychological Works of Sigmund Freud*, Vol. 3. London: Hogarth Press.

Fulk, J. 1993. "Social Construction of Communication Technology." *Academy of Management of Journal*, Vol. 36, No. 5, pp. 921~950.

Gabbard, G. O. 1994. *Psychodynamic Psychiatry in Clinical Practice*. Washington: American Psychiatric Association.

Gabbard, G. O. and J. C. Nemiah. 1985. "Multiple Determinants of Anxiety in a Patient with Borderline Personality Disorder." *Bull Menniger Clinic*, Vol. 49, pp. 161~172.

Ginsberg, C. 1983. *Der Käse und die Würmer. Die Welt eines Mullers um 1600*. Frankfurt a.M.

Griffiths, M. 1999. "Internet Addiction: Fact or fiction?" *Psychologist*, Vol. 12, pp. 246~250.

_____. 2000. "Does Internet and Computer 'Addiction' Exist? : Some Case Study Evidence." *CyberPsychology and Behavior*, Vol. 3, pp. 211~218.

Innis, H. A. 1951. *The Bias of Communication*. Reprint by University of Toronto Press in 1991.

Jones, S. G.(ed.). 1998. *Cybersociety 2.0: Revisiting Computer - Mediated Communication and Community*. Thousand Oaks: Sage.

Kosìk, K. 1967. *Die Dialektik des Konkreten-Eine Studie zur Problematik des Menschen und der Welt.* Frankfurt a.M.: Suhrkamp.

Kuhn, T. S. 1970. *The Structure of Scientific Revolutions.* Chicago: University of Chicago Press.

Lauer, R. H. 1991. *Perspectives on Social Change,* 4th ed. Needham Heights, MA: Allyn and Bacon.

Maier, S. F., M. E. P. Seligman and R. L. Solomon. 1969. "Pavlovian Fear Conditioning and Learned Helplessness." in B. A. Campbell and R. M. Church(eds.). *Punishment.* New York: Appleton - Century Crofts.

Marvin, C. 1988. *When Old Technologies were New: Thinking about Electric Communication in the Late Nineteenth Century.* New York: Oxford University Press.

McLuhan, M. 1962. *The Gutenberg galaxy: The Making of Typographic Man.* Toronto: University of Toronto Press.

_____. 1964. *Understanding Media: The Extensions of Man.* New York: McGraw-Hill.

Meyrowitz, J. 1985. *No Sense of Place: The Impact of Electronic Media on Social Behavior.* New York: Oxford University Press.

Misa, T. J. 1994. "Retrieving Sociotechnical Change from Technological Determinism." in M. R. Smith and L. Mark(eds.). *Does Technology Drive History? : The Dilemma of Technological Determinism.* Cambridge, MA: The MIT Press.

Mosco, V. 1982. *Push Button Fantasies.* Norwood, NJ: Ablex.

Patton, P. 1986. *Open Road: A Celebration of the American Highway.* New York: Simon and Schuster.

Peukert, D. J. 1987. *Inside Nazi Germany: Conformity, Opposition and Racism in Everyday Life.* New Haven: Yale University Press.

Pianka, E. R. 2000. *Evolutionary Ecology,* 6th ed. San Francisco, CA: Addison Wesley Educational Publishers.

Postman, N. 1993. *Technopoly: The Surrender of Culture to Technology.* New York: Vintage Books.

Revel, J. 1989. "L' histoire au ras du sol." in G. Levi. *Le Pouvoir au Village: Histoire d'un Exorciste dans le Piémont du XVIIe siècle.* Paris: Gallimard.

Rheingold, H. 1993. "A Slice of Life in My Virtual Community." in L. M. Harasim (ed.). *Global Networks: Computers and International Communication.* Cambridge, MA: The MIT Press.

Rogers, E. M. 2003. *Diffusion of Innovation.* The Free Press.

Schement, J. R. 1989. "The Origins of the Information Society in the United States: Competing Visions." in J. L. Salvaggio(ed.). *The Information Society: Economic, Social and Structural Issues.* Hillsdale, NJ: Lawrence Erlbaum Associates.

Schiller, H. I. 1981. *Who knows: Information in the Age of the Fortune 500.* Norwood, NJ: Ablex.

Seligman, M. E. P., S. F. Maier and J. Geer. 1968. "The Alleviation of Learned Helplessness in the Dog." *Journal of Abnormal Psychology,* Vol. 73, pp. 256~262.

Smelser, N. J. 1968. *Essays in Sociological Explanation.* Englewood Cliffs, NJ: Prentice-Hall.

Spencer, H. and S. Andreski(eds.). 1969. *Principles of Sociology.* London: Macmillan.

Thompson, D.(ed.). 1996. *Oxford Compact English Dictionary.* Oxford: Oxford University Press.

Vered, O. K. 1998. *Blue Group Boy Play Incredible Machine, Girls Play Hopscotch: Social Discourse and Gendered Play at the Computer in the Age of*

Multimedia. UK: ULC Press.

Williams, F. 1982. *The Communication Revolution*. Beverly Hills, CA: Sage.

Winner, L. 1986. *The Whale and the Rector: A Search for Limits in an Age of High Technology*. Chicago: University of Chicago Press.

Winston, B. 1986. *Misunderstanding Media*. Cambridge, MA: Harvard University Press.

Young, K. S. 1996. "Internet Addiction: The Emergence of a New Clinical Disorder." *CyberPsychology and Behavior*, Vol. 1, pp. 237~244.

Zaltman, G. and M. Wallendorf. 1983. *Consumer Behavior: Basic Findings and Management Implications*, 2nd ed. John Wiley and Sons Inc.

지은이

임정수

연세대학교 신문방송학과를 졸업(학사, 석사)하고, 케이블 네트워크 DSN에서 프로듀서로 근무했으며, 미국 노스웨스턴 대학에서 언론학 박사 학위를 받았다. 현재 서울여자대학교 언론영상학부 교수로 재직 중이며, 2009년 UCLA 방송영화학과에서 방문 교수를 지냈다. 콘텐츠 산업과 정책, 테크놀로지 사회학, 미디어 이용자 조사와 분석 등을 강의하고 있다.

저서로는 『디지털 시대의 미디어산업』, 『영상미디어 산업의 이해』, 『미드: 할리우드 텔레비전 드라마 생산 이야기』, 『디지털미디어와 광고』(공저), 『디지털 시대의 방송편성론』(공저), 『컨버전스와 다중 미디어 이용』(공저), 『한국 사회의 디지털 미디어와 문화』(공저) 등이 있으며, 연구 논문으로는 「텔레비전 콘텐츠 VOD에 대한 이용자 선호도와 속성변인의 컨조인트 분석」 등 다수가 있다.

한울아카데미 1767

미디어, 빅뱅 없는 세상
한국의 미디어 기술도입 과정에 대한 일상사적 접근

ⓒ 임정수, 2015

지은이 l 임정수
펴낸이 l 김종수
펴낸곳 l 도서출판 한울
편집책임 l 이수동
편집 l 조수임·허유진

초판 1쇄 인쇄 l 2015년 2월 23일
초판 1쇄 발행 l 2015년 3월 2일

주소 l 413-120 경기도 파주시 광인사길 153 한울시소빌딩 3층
전화 l 031-955-0655
팩스 l 031-955-0656
홈페이지 l www.hanulbooks.co.kr
등록번호 l 제406-2003-000051호

Printed in Korea.
ISBN 978-89-460-5767-8 93070

* 책값은 겉표지에 표시되어 있습니다.